외국인 대학생을 위한 사고와 표현 II

글쓰기의 실제

신윤경 · 고경태 · 장향실 · 김서형

고려대학교출판부
KOREA UNIVERSITY PRESS

머리말

지난해 필자들은 외국인 유학생들을 위한 글쓰기 교재로서 《외국인 대학생을 위한 사고와 표현 I—글쓰기의 기초》를 펴낸 바 있다. 이 책은 한국어에 능숙하지 않은 외국인 유학생들이 대학 글쓰기의 기초를 익히고 다지는 데 큰 힘을 보탰다고 생각한다.

그러나 글쓰기의 기초를 다졌다고 해서 대학 글쓰기가 완성되는 것은 아니다. 글의 기본 원리와 어법에 맞는 글을 썼다고 해서 대학 글쓰기가 된다는 것은 어불성설이다. 글쓰기의 형식과 구성이 갖추어졌다고 해도 그에 걸맞은 내용이 뒷받침되어야 하기 때문이다. 그렇다고 해서 대학에서 배운 지식을 그대로 옮겨 쓴 것 역시 대학에서 필요한 글쓰기라고 볼 수 없다. 진정한 대학 글쓰기란 교양이나 전공 학습 등에서 두루 익힌 지식들을 자기 것으로 소화한 뒤, 그를 바탕으로 쓸 때에 비로소 의미가 있는 것이다.

이 책을 기획하게 된 것도 바로 이러한 생각에 뿌리를 두고 있다. 사실 대학 글쓰기에서 내용 지식적 측면은 전공별로 다르다. 그렇지만 지식을 소화하고 이해하여 글을 쓰는 행동은 어느 정도 일반적이고 공통적인 절차를 밟는다. 이 책은 외국인들이 비교적 쉽게 이해할 수 있는 글들을 읽고, 글쓰기에 필요한 사고 과정을 자연스럽게 익힘으로써 실제적인 대학 글쓰기를 경험할 수 있도록 하는 데 역점을 두었다.

이 책의 구성은 다음과 같다. 우선 대학 전공 분야를 고려하여 인문학, 사회과학, 자연과학 등 총 3장으로 나누었다. 그리고 각 장에서 대학생으로서 가져야 할 교양 또는 전공 지식이라고 할 수 있는 내용의 글을 3편씩 제시하였다. 또한 각 장별로 '도입→주제와 관련된 글 읽고 이해하기→읽기와 연계된 쓰기' 순서로 체재를 맞추고, 각 글들을 읽고 깊이 있게 이해할 수 있도록 세부적인 질문들을 마련해 놓았다. 그런 질문 중 몇몇은 별도로 답안을 만들어 책 뒤에 붙임으로써, 독학하려는 학습자들을 배려하고자 했다.

한편 각 장별 마지막 단원은 대학생에게 필수적인 글쓰기라고 할 수 있는 '요약문 쓰기', '발표문 쓰기', '논문 쓰기'로 꾸몄다. 이 세 가지 글쓰기는 학습자들의 부담감을 덜어 주고자 일부러 각 장의 끝에 하나씩 제시했으나, 전체 학습 내용과 분량을 고려하여 교재를 실제 활용할 경우에는 얼마든지 융통성 있게 다룰 수 있을 것이다.

《외국인 대학생을 위한 사고와 표현 I—글쓰기의 기초》에 이어서 후속 교재를 펴내기 위해 몇 번의 실제 수업 운영과 학습자들로부터의 피드백 과정을 거쳤다. 그 과정에서 외국인 대학생들에게 적합하면서도 유익한 읽기 자료를 찾기 위해 도서관에서 많은 시간을 보내며 다시 학생으로 돌아간 듯한 기분을 느끼기도 했다. 그러나 여전히 아쉬움은 남는다. 모쪼록 이 책이 외국인 대학생들의 글쓰기 능력 향상에 조금이나마 도움이 되기를 기대한다.

2011년 9월

필자 일동

차례

차례

I 인문학과 글쓰기

1. 학문과 지식인
2. 무엇이 역사가 되는가?
3. 문학과 삶

■ 요약문 쓰기

1. 학문과 지식인

학습 목표

- 관점이 다른 두 개의 글을 비교하며 읽고 이해할 수 있다.
- 자신이 동의하는 글을 선택한 후 내용과 근거를 보충해서 한 편의 글을 완성할 수 있다.

들어가기

1. 대학에서 공부하는 목적은 무엇이라고 생각하는가?

2. 지금까지 살면서 '지식을 얻는 기쁨'을 느낀 적이 있는가?

3. '지식의 관점'에 대한 다음 글을 읽고, 여기에 소개된 내용들을 아래의 표에 정리해 보자.

우리는 앎을 소중하게 여긴다. 어느 사회든지 어느 사람이든지 거의 다 지식을 좋은 것으로 여기고, 따라서 학문, 교육, 학습을 바람직한 것으로 여긴다. 모든 나라, 모든 사람이 지식을 가치 있게 여기고 희구하지만, 지식을 왜 가치 있게 여기고, 왜 찾으려 애쓰느냐는 물음에는 사회나 사람에 따라 꽤 큰 차이를 보인다. 이러한 차이는 지식을 그 쓸모 때문에 찾는 수단적 가치관과 지식 그 자체가 희한해서 그것을 밝히고자 하는 내재적 가치관으로 나타난다. 그리고 지식의 수단적 가치관에는 다시 지식을 출세 수단으로 보는 관점과 실용 수단으로 보는 두 관점으로 갈라진다. 이들을 각각 지식의 간판관, 실용관, 희열관이라고 부른다.

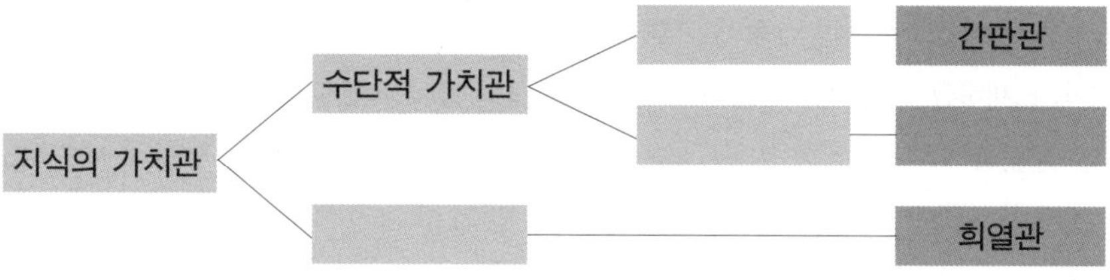

읽기

다음은 앞에서 읽었던 학문에 대한 두 가지 관점의 글이다. 읽고 질문에 답해 보자.

(가) 지식의 실용관은 지식을 그 실제적 쓸모 때문에 소중하게 여기고 추구하는 관점을 말한다. 프랜시스 베이컨의 '지식은 힘이다'라는 말이 대표하는 지식관이다. 사실 지식은 힘이다. 지식이 있으면 그것으로써 농사도 더 풍성하게 지을 수 있고, 하늘을 나는 비행기도 만들 수 있고, 달에도 갈 수 있고, 어마어마한 원자탄도 만들 수 있고, 줄기세포로 장기를 만들 수도 있다. 교육·학문이 경제 발전, 국가 발전에 힘이 되기 때문에 많은 나라들이 그 개선과 진흥에 열을 올린다. 한국도 지금 국력을 더 발전시키려면 교육 개선과 학문 진흥에 관심을 갖지 않을 수가 없다.

그러나 실용 지식관에서는 아무 지식이나 다 바람직한 것은 아니다. 실제로 쓸모가 있는 실용적이고, 유용한 지식을 찾는다. 쓸모가 없거나 없어 보이는 지식은 지식 탐구 대상에서 제외된다. 이 점에서 실용 지식관은 아무 지식이라도 좋다는 간판 지식관보다는 진일보한 것이라고 봐야 한다. 간판보다 '실력'을 찾는다. 이런 지식의 실용관을 따르는 교육에서는 실용적인 직업 교육, 기술 교육, 실무 교육을 강조해야 한다고 목소리를 높인다. 정부의 연구비도 실용성이 커 보이는 자연과학계, 공학계, 기술계에 쏟아져 들어가는 반면, 인문계, 사회과학계에는 잘 들어가지 않는다. 자연과학계에서도 당장에 쓸모없어 보이는 기초 연구보다는 더 쓸모가 있어 보이는 응용 연구에 더 치중한다. 이런 관점은 당장 그 해법을 바라는 단기적 안목의 정책 수립자들이 가지고 있는 가치관이다.

(나) 지식의 희열관은 바로 지식·진리를 그 자체로서 반기고 사랑하는 지식 가치관이다. 아는 것이 그저 재미있고 희한하고 좋아서 공부하고 연구하는 것을 말한다. 말하자면 진리를 위한 진리 탐구, 학문을 위한 학문 연구, 아는 것 그 자체를 위해서 알려고 하는 것을 의미한다. '공부해서 출세한다', '직업을 얻는다'에는 별 관심이 없고, 또는 '연구하고 학문해서 나라의 경제 발전, 민족의 영광에 기여한다'는 '고상한' 생각도 없고, 그저 알아내고 깨닫는 그 자체가 재미있고 즐거워서 연구에 열중하는 경우를 가리킨다.

이런 관점을 학문을 위한 학문, 국가사회의 현실적 필요를 망각한 현학적 태도라고 비난하는 경우가 있다. 그러나 '현학'이라는 비난은, 진리가 아닌 허무맹랑한 '이론'으로 아는 체하고 자랑하는 경우에만 해당된다. 따라서 현학이란 말은 그저 순수하게 세속을 떠나서 궁금한 것을 알려고 캐어 들어가는 공부나 연구에는 부당한 말이다. 희열의 지식 가치관은 커다란 대뇌를 가지고 태어나는 인간의 가장 본능적 앎의 동기이기 때문이다.

1. 중요한 내용에 밑줄을 그으면서 빠르게 한 번 읽어 보자.

2. (가)~(나)에서 설명한 '지식의 관점'에 대해서 간단히 요약해 보자.

지식의 실용관 :

지식의 희열관 :

쓰기

1. 여러분은 위의 (가)~(나) 중에서 어떤 관점에 동의하는가? 동의하는 이유는 무엇인가? 아래에 간단히 메모해 보자.

2. 여러분이 동의하는 관점에 한계점이나 문제점은 없는가? 있다면 어느 것이 있는지, 그 이유는 무엇인지 메모해 보자.

3. '바람직한 학문관'이라는 제목으로 글을 쓰려고 한다. 위에서 정리한 내용을 바탕으로 주제문을 만들어 보자.

4. 주제문에 맞게 세부 내용을 정리해 보자.

5. '서론-본론-결론'으로 나누어 개요를 작성해 보자.

서론	
본론	
결론	

6. 앞에서 작성한 개요를 바탕으로 글을 써 보자.

7. 여러분이 쓴 글을 다시 한 번 읽고 평가해 보자. 그리고 부족한 부분이 있으면 고쳐 보자

구분		평가 내용	잘함	보통	부족
내용	서론	서론에서 요구되는 내용(주제문, 내용의 전개 방향 등)이 잘 제시되었는가?			
	본론	주장을 분명하게 제시하였는가?			
		근거를 구체적이고 타당하게 제시하였는가?			
		주장과 근거의 관계는 긴밀한가?			
	결론	결론에서 요구하는 내용이 잘 제시되었는가?			
형식	글	서론-본론-결론이 분명하게 구분되어 쓰였는가?			
	문단	문단 나누기가 잘 되었는가?			
		문단 간의 연결이 논리적인가?			
	문장	문장 간의 연결이 논리적인가?			
		접속어 등 문장을 연결하는 표현이 잘 쓰였는가?			
표현	문장	문장의 길이는 적당한가?			
		문법적으로 맞는 문장을 썼는가?			
		문장의 호응이 잘 이루어졌는가?			
	어휘 어구	사용된 어휘와 어구 표현이 문맥에 적절한가?			
		다양한 어휘와 어구 표현을 사용하였는가?			
		불필요한 내용의 반복이 없이 잘 썼는가?			

2. 무엇이 역사가 되는가

학습 목표 • 하나의 역사적인 사실에 대해 시대별 평가가 달라진 이유를 찾아 설명하는 글을 쓸 수 있다.

들 어 가 기

1. 다음 '역사'에 대한 짧은 글을 읽고, 밑줄 친 부분의 의미를 설명해 보자.

인간과 환경의 관계는 역사가와 주제의 관계이다. 역사가는 사실의 천한 노예도 아니고, 군림하는 주인도 아니다. 역사가와 사실의 관계는 함께 주고받는 평등한 관계이다.

역사가는 현재의 일부이고, 사실은 과거에 속하므로, 이 상호작용은 현재와 과거의 상호관계를 포함하고 있다. 역사가와 역사상의 사실은 서로가 서로를 필요로 하는 관계이다. 사실을 소유하지 못한 역사가는 뿌리도 없고 열매도 맺을 수 없다. 역사가가 없는 사실은 생명도 없고 의미도 없다. 여기서 '역사란 무엇인가?'에 대해 최초의 대답을 하기로 한다. 역사란 역사가와 사실 사이에서 일어나는 부단한 상호작용의 과정이며, <u>현재와 과거 사이의 끊임없는 대화이다.</u>

2. 과거의 여러 사실 중에서 역사적 사건이나 인물로 기록되려면 어떤 기준이 필요하다고 생각하는가? 앞에서 역사는 역사가와 사실 사이에서 끊임없는 상호작용을 통해 기록된다고 했다. 그렇다면 그 기록을 위해 어떤 기준이 필요하다고 생각하는가?

읽기

다음은 '무엇이 역사가 되는가'에 대한 기준을 제시한 글이다. 읽고 질문에 답해 보자.

무엇이 역사가 되는가

역사란 무엇인가 하는 대단히 어려운 물음에 아주 쉽게 답한다면, 그것은 인간 사회의 지난날에 일어난 사실들 자체를 가리키기도 하고, 또 그 사실들에 관해 적어 놓은 기록들을 가리키기도 한다고 흔히 말할 수 있다. 그러나 지난날의 인간 사회에서 일어난 사실이 모두 역사가 되는 것은 아니다. 쉬운 예를 들면 김 총각과 박 처녀가 결혼한 사실은 역사가 될 수 없고, 한글이 만들어진 사실, 임진왜란이 일어난 사실 등은 역사가 되는 것이다. 이렇게 보면 사소한 일, 일상적으로 반복되는 일은 역사가 될 수 없고, 거대한 사실, 한 번만 일어나는 사실만이 역사가 될 것 같지만 반드시 그런 것도 아니다.

고려시대의 경우를 예로 들면, 주기적으로 일어나는 자연 현상으로서의 일식과 월식은 모두 역사로 기록되었으면서도 금속 활자가 세계에서 가장 먼저 발명된 사실은 역사로 기록되지 않았고, 이 때문에 우리는 지금 세계 최고의 금속 활자를 누가 몇 년에 처음으로 만들었는지 모르고 있다. 일식과 월식은 자연 현상이면서도 하늘이 인간 세계의 부조리를 경고하는 것이라 생각했기 때문에 역사가 되었고, 목판본이나 목활자 인쇄술이 금속 활자로 넘어가는 중요성이 인식되지 않았기 때문에 그것은 역사로 될 수 없었던 것이다.

이렇게 보면 또 역사라는 것은 지난날의 인간 사회에서 일어난 사실 중에서 누군가에 의해 중요한 일이라고 인정되어 뽑혀진 것이라 할 수 있다. 이 경우 그것을 뽑은 사람은 기록을 담당한 사람 곧 역사가라 할 수 있으며, 뽑혀진 사실이란 곧 역사책을 비롯한 각종 기록에 남은 사실들이다. 다시 말하면 역사란 결국 기록에 남은 것이며, 기록에 남지 않은 것은 역사가 아니라 할 수 있다. 일식과 월식은 과학이 발달한 오늘날에는 역사로서 기록에는 남기지 않게 되었고, 금속 활자의 발견은 그 중요성을 안 뒷날 사람들의 노력에 의해 최초의 발명자와 정확한 연대는 모른 채 고려 말기의 중요한 역사로 추가 기록된 것이다.

"지난날의 인간 사회에서 일어난 수많은 사실들 중에서 누군가에 의해 기록해 둘 만한 중요한 일이라고 인정되어 기록된 것이 역사다"라고 생각해 보면, 여기에 몇 가지 되씹어 봐야 할 문제가 있다. 첫째는 기록해 둘 만한 중요한 사실이란 무엇을 말하는 것인가 하는 문제이고, 둘째는 과거에 일어난 일들 중에서 기록해 둘 만한 중요한 사실을 가려내는 사람의 생각과 처지의 문제이다.

먼저, 무엇이 기록해 둘 만한 중요한 문제인가, 기록해 둘 만하다는 기준이 무엇인가 하고 생각해 보면, 아주 쉽게 말해서 후세 사람들에게 어떤 참고가 될 만한 일이라고 일단 말할 수 있겠다. 다시 말하면 오늘날의 역사책에 남아 있는 사실들은 모두 우리가 살아나가는 데 참고가 될 만한 일들이라 말할 수 있는 것이다.

그러나 참고가 될 만한 일과 될 만하지 않은 일을 가려내는 일은 사람에 따라 다를 수 있으며 또 시대에 따라 다를 수 있다. 고려시대나 조선시대 사람들에게는 일식과 월식이 정치를 잘못한 왕이나 관리들에 대한 하늘의 노여움의 표시라 생각되었기 때문에 역사에 기록되었지만, 오늘날에는 그렇지 않다는 것을 알게 되었기 때문에 역사에는 기록되지 않는다.

1. 위에서 읽은 내용을 아래의 질문에 답하면서 확인해 보자.

- 과거에 일어난 모든 일은 역사인가? 맞다면 맞는 이유, 아니라면 아닌 이유를 이야기해 보자.
- 일식과 월식은 역사로 기록되고, 금속활자 개발자는 역사로 기록되지 않은 이유는 무엇인가?
- "지난날의 인간사회에서 일어난 수많은 사실들 중에서 누군가에 의해 기록해 둘 만한 중요한 일이라고 인정되어 기록된 것이 역사다"라는 정의에서 중요하게 생각해 봐야 할 두 가지는 무엇인가?
- '기록해 둘 만한 것'의 기준은 무엇인가?
- '누군가에 의해' 기록된다고 할 때, 그 '누군가'의 생각과 처지는 왜 중요한가?

2. 다음은 최근 발생한 사건들이다. 자신이 역사가라면 어떤 것을 역사로 기록할 것인가? 그렇게 하는 이유 또는 근거는 무엇인가?

- 대학가 반값 등록금 투쟁
- 일본의 쓰나미, 칠레의 화산 폭발
- 군대 가산점 재도입 고려
- 감기약, 소화제 슈퍼마켓 판매
- 학교 무상급식 실시 논란
- 공영방송 수신료 인상
- 북한 김정남 후계자 이양 준비

(1) 현재 자신의 입장에서 위 사건들 중에서 역사로 기록하고 싶은 사건 하나를 선택해 보자.

(2) 그 사건이 역사로 기록되어야 하는 중요한 이유는 무엇인지 메모해 보자.

(3) 자신이 생각하는 사건이 역사로 기록되었을 때 미래의 사람들에게 어떤 도움을 줄 수 있다고 생각하는지 말해 보자.

쓰기

세종대왕의 '한글 창제'라는 역사적인 사실에 대해 알고 있는가? 다음은 '한글 창제'라는 사실이 시대적으로 의미가 달라졌다는 내용의 글이다. 읽고 질문에 답해 보자.

한글이 창제된 일이 조선시대 이후 계속 사실(史實)로서 선택되어 왔음은 더 말할 것 없지만 그것이 가지는 역사적 의미는 시대에 따라 달라져 왔다. 조선시대에는 한글 창제라는 사실(史實)이 가지는 역사적 의미가 주로 한문을 모르는 '어리석은 백성'을 어여삐 여김에 한정되었다. 고유의 우리글인데도 불구하고 ㉠국문이 되지 못하고 언문으로 행세했고 따라서 문자를 창제한 일도 세종의 업적 중 그다지 높은 위치를 차지하지 못했다.

그러나 근대화를 지향하던 개항기에 들어오면서 백성이 나라의 주인이란 생각이 높아짐에 따라 서민들이 주로 사용하는 ㉡한글이 언문에서 국문의 지위로 올라갔고 그것을 창제한 일은 세종의 가장 위대한 업적으로 부각되었다. 한편 일제 시대에는 ㉢한글을 연구하고 사용하는 일도 독립 운동의 일환으로 생각되었고 세종은 우리 역사상 가장 위대한 영웅적인 제왕의 하나로 추앙되었다. (중략)

오늘날에 있어서는 역사를 제왕이나 영웅의 업적 중심으로 보는 경향을 지양하고 ㉣역사 발전에 있어서 민중의 역할을 강조하는 경향으로 나아가고 있으므로, 한글 창제의 주된 동기도 제왕이 백성을 어여삐 여긴 데 있었던 것이 아니라 오히려 백성을 효과적으로 다스리기 위한 데 있었다고 해석하기도 한다. 글을 가르치지 않고는 다스릴 수 없을 만큼 백성 세계의 의식 수준이 향상되었기 때문이라는 생각이다.

1. '한글 창제'에 대한 평가가 어떻게 이뤄졌는지 시대별로 정리하고, 그 이유를 이야기해 보자.

한글 창제 당시	
개항기	

일제 시대	
현대	

2. '한글 창제에 대한 시대적 평가의 변화'라는 제목으로 글을 쓰려고 한다. 다음 과정에 따라 글을 써 보자.

(1) 위의 밑줄 친 ㉠~㉣ 내용을 뒷받침해 주는 자료들을 찾아보자.

(2) 찾은 자료 중에서 자신의 글에 인용할 수 있는 것들을 찾아 정리해 보자.

한글 창제 당시	
개항기	
일제 시대	
현대	

(3) 간추린 내용을 '처음-중간-끝' 구조에 맞춰 조직해 보자.

처음	
중간	
끝	

(4) 위에서 작성한 개요를 바탕으로 한글 창제에 대한 시대별 평가를 설명하는 글을 써 보자.

(5) 자신이 쓴 글을 다른 사람이 쓴 것과 비교하면서 읽어 보자.

3. 여러분이 쓴 글을 다시 한 번 읽고 평가해 보자. 그리고 부족한 부분이 있으면 고쳐 보자.

구분		평가 내용	잘함	보통	부족
내용	처음	설명 대상이 나타나 있는가?			
		처음에서 요구되는 내용이 잘 제시되었는가?			
	중간	이해하기 쉽게 썼는가?			
		불필요한 설명은 없는가?			
	끝	끝에서 요구하는 내용이 잘 쓰였는가?			
형식	글	처음-중간-끝이 구분되고 있는가?			
	문단	문단 나누기가 잘 되었는가?			
		문단 간의 연결이 논리적인가?			
	문장	문장 간의 연결이 논리적인가?			
		접속어 등 문장을 연결하는 표현이 잘 쓰였는가?			
표현	문장	문장의 길이는 적당한가?			
		문법적으로 맞는 문장을 썼는가?			
		문장의 호응이 잘 이루어졌는가?			
	어휘 표현	사용된 어휘와 표현이 문맥에 적절한가?			
		다양한 어휘와 표현을 사용하였는가?			

3. 문학과 삶

학습 목표

- 한 편의 시를 읽고 이해할 수 있다.
- 시에 대한 해석과 이해를 바탕으로 평론을 쓸 수 있다.

들어가기

1. '시는 읽는 사람에 따라서 그 느낌과 해석이 달라질 수 있다'는 생각에 동의하는가? 그렇게 생각하는 이유에 대해서 자유롭게 이야기해 보자.

2. 아래의 글을 읽고, 자신이 가진 생각과 비교해 보자.

시는 일상적인 언어나 기호가 드러낼 수 없는 의미를 언어로 표현하기 위하여 암시적 기능에 크게 의존한다. 따라서 시어의 의미는 모호하고 애매하다고 생각할 수 있다. 그러나 이러한 점은 시의 약점이 아니라 강점이다. 왜냐하면 그 의미가 한 가지로 닫혀 있는 것이 아니라, 해석에 따라서 어느 정도까지 확대재생산이 가능하도록 열려 있는 것이기 때문이다. 그러나 이때 무엇보다 중시되어야 할 것은 해석자의 역할이다. 해석자는 자신의 지식과 체험을 바탕으로 작품의 의미해석을 한다. 그러나 아무리 해석자의 역할이 중요하다 하더라도 해석자 마음대로 해석할 수는 없다. 쌀로써 밥을 지을 수도 있고 떡을 만들어 먹을 수도 있지만, 김치를 담글 수는 없는 것과 같은 이치이다. 새롭고 독창적인 해석을 내리되 그 해석이 충분히 타당성을 인정받기 위해서는 무엇보다 작품 자체의 이해에 충실해야 함은 물론이다.

읽기

〈춘향전〉에 대해서 알고 있는가? 다음은 〈춘향전〉을 모티프로 한 〈추천사〉라는 시이다. 읽고 질문에 답해 보자.

鞦韆詞(추천사)

—춘향의 말

서정주

향단아 그넷줄을 밀어라
머언 바다로
배를 내어밀듯이,
향단아

이 다수굿이 흔들리는 수양버들나무와
벼갯모에 뇌이듯한 풀꽃뎀이로부터,
자잘한 나비새끼 꾀꼬리들로부터
아조 내어밀듯이, 향단아

산호도 섬도 없는 저 하늘로
나를 밀어 올려다오.
채색한 구름같이 나를 밀어 올려다오.
이 울렁이는 가슴을 밀어 올려다오!

西으로 가는 달같이는
나는 아무래도 갈 수가 없다.

바람이 파도를 밀어 올리듯이
그렇게 나를 밀어 올려다오.
향단아.

1. 이 시는 '춘향'이 '향단'에게 말하는 형식을 갖고 있다. 춘향이가 말하고 싶어하는 내용은 무엇인지 생각해 보자.

2. 다음 시어들이 나타내는 의미가 무엇인지 추측해 보자.

- 그넷줄을 밀어라 / 머언 바다로 / 배를 내어밀듯이
- 이 다수굿이 흔들리는 수양버들나무와 / 벼갯모에 뇌이듯한 풀꽃뎀이로부터/ 자잘한 나비새끼 꾀꼬리들로부터 / 아조 내어밀듯이
- 산호도 섬도 없는 저 하늘로
- 西으로 가는 달같이

3. 각 연의 내용을 간단히 설명해 보자.

1연	
2연	
3연	
4연	
5연	

다음은 〈추천사〉를 해석해 놓은 글이다. 읽고 질문에 답해 보자.

부제에서 알 수 있듯이, 이 시는 춘향이가 향단이에게 하는 말투로 씌어졌다. 따라서 이 시를 제대로 이해하려면 춘향전에 관한 사전 지식이 있어야만 한다. 만약 이 시를 춘향전이라는 소설 속에 삽입 시로 넣는다면 어느 장면에 넣어야 할까? 이 의문에 대한 해답은 곧 이 시의 극적 상황을 이해하는 것이 된다. 이 시의 극적 상황은, 춘향이가 이도령과 이별한 직후 이도령에 대한 그리움에 시달리다가 향단이를 데리고 광한루에 그네 타러 나온 장면이다. 이런 상황에서의 춘향이의 심경이 바로 이 시의 내용이라 할 수 있다.

1연에서는 춘향이가 향단이더러 그네를 밀어 달라고 요구한다. 여기에는 "머언 바다로 배를 내어밀듯이"라는 직유가 사용되어 있는데, 이것은 우선 그네를 미는 행위와 잘 어울린다. 부드럽게 시작되는 움직임이 그러하고 일단 타인의 도움을 받아야 자신의 에너지도 움직일 수 있음이 그러하며, 이곳으로부터 먼 곳으로의 떠남이라는 점에서 그러하다. 1연은 5연과 수미상관을 이루며, 1연의 직유와 5연의 직유는 서로 대응하되 교묘하게 변화되어 반복된다. 이점은 조금 후에 언급하게 될 것이다.

1연에서 알 수 있는 바, 춘향이가 이곳으로부터 먼 곳으로의 떠남을 갈구하고 있다면, 2연의 내용은 이곳의 속성을 드러내고 3연의 내용은 먼 곳의 속성을 드러내어 춘향이가 먼 곳으로 떠나고자 하는 내면적 이유를 설명해 준다. 2연에는 네 가지 자연물이 등장한다. 수양버들나무, 풀꽃뎀이, 나비새끼, 꾀꼬리 등이 그것이다. 일차적으로 이것은 춘향이가 있는 그네 주변의 풍경일 따름이다. 춘향이가 위치하고 있는 곳이란 상식적인 비유로 생각하자면 곧 춘향이가 처한 현실이다. 좀 더 구체적으로 유추해 본다면 이도령과 이별한 후의 괴로운 현실이다. 그러나 이런 정도의 유추로서는 불충분하며 3연의 이해를 위한 바탕이 될 수 없다.

춘향이가 떠나고자 하는 먼 곳이 어떤 곳인가를 이해하기 위해서는 2연의 네 가지 자연물을 더욱 따져 보아야 한다. 이것들은 주변의 자연물에 대한 묘사이면서 동시에 은유적 의미를 지닌다. 수양버들의 경우, "다수굿이 흔들리는"이란 수식어가 붙어 있는데, 이로써 수양버들은 이도령 앞에서 수줍고도 행복하던 춘향 자신의 옛 모습을 연상시킨다. 미녀들의 가는 허리를 일러 유요(柳腰)라는 말이 있듯이, 옛부터 수양버들은 흔히 여인들의 자태에 대한 은유로 사용되었다. 이 시에서도 춘향이는 수양버들을 바라보면서 광한루에서 이도령을 처음 만나 설레던 지난 날의 자기 모습을 연상하고 있는 것이다.

풀꽃뎀이도 이와 유사하다. 이에는 "벼갯모에 뇌이듯한"이란 수식어가 붙어 있는데 이를 통해 춘향이의 상상력이 이도령과의 추억에 볼모잡혀 있음을 짐작할 수 있다. 즉, 평범한 풀꽃뎀이를 보고도 그것이 이도령과 첫날밤을 보낼 때 함께 베었던 베개의 베갯모에 그 비슷한 수가 놓여져 있음을 생각하는 것이다. 이런 정도이니 나비새끼나 꾀꼬리가 암수 어울려 이리저리 행복하게 날아다니는 것을 보고 춘향이가 어떤 심경이 되었을 것인가는 쉽게 짐작된다. 지금 춘향이는 상사병에 걸려 있는 것이다. 그래서 앉으나 서나 이도령 생각뿐이고, 그러한 사랑의 번뇌가 너무나 참기 어려워 향단이를 데리고 광한루에 바람을 쐬러 나왔는데, 이렇게 나와서도 보이는 것마다 이도령과의 추억으로 연상되는 것이다. 이처럼 단순한 수식어들로부터 우리는 시 속의 춘향이가 엄청난 사상(思想)의 고통 속에서 시달리고 있음을 알 수 있다.

사랑의 번뇌도 고통인 이상 그것이 지나칠 때는 그로부터 벗어나고 싶은 것이 당연하다. (중략) "산호도 섬도 없는 저 하늘"이란 바로 사랑의 번뇌가 없는 평정한 마음의 상태이며, "채색한 구름"이란 그런 상태 속의 아름답고 자유로운 존재이다. 즉 사랑이라는 아름다운 감정을 유지하되 번뇌에 얽매이지 않고 평정의 세계에 자유로이 떠 있을 수 있고 싶은 것이 춘향의 애타는 바람이다.

그러나 이러한 춘향이의 바람은 결코 이루어질 수 없다. 그녀는 고통스러운 사랑의 번뇌에서 벗어날 수가 없다. 3연에서, 사랑은 가지면서 그 번뇌만을 끊자고 하였으나 그것이 불가능한 일임은 뻔하다. 4연에서의 체념에 찬 진술은 바로 그러한 깨달음이다. 서쪽이란 번뇌가 없는 평정의 세계이며 달이란 거침없이 그곳으로 가는 존재인 데 반하여 춘향이는 결코 번뇌를 끊을 수가 없다.

5연은 1연의 변화 반복으로서 형식적 기능이 보다 강하므로, 이 정도로써 이 시의 내용은 거의 드러났다고 할 수 있다. 이제 이러한 내용을 그네의 속성과 관련시켜 보아야 한다. 그네는 지상에서 하늘로 타원 운동을 반복한다. 처음에는 낮게 천천히 움직이다가 나중에는 높고 빠르게 움직인다. 이러한 그네의 움직임과 시의 내용은 멋지게 대응된다. 1연에서의 그네는 거의 정지 상태에 있다. 그리고 그것은 지상에서 가장 가깝다. 춘향은 지상의 번뇌, 즉 사랑의 번뇌를 벗어나 먼 곳으로 가고자 한다. 그래서 그네의 운동이 시작되는데, 처음에는 매우 속도도 완만하고 또 거의 수평 운동에 가깝다. 그래서 그것은 배를 내어 미는 수평 운동과 어울린다. 그러다가 차츰 그네의 운동이 커지고 빨라진다. 그럴수록 그네는 지상으로부터 멀리 떨어지되 그 운동은 수평적이라기보다는 수직적이 된다.

1연에서의 먼 곳인 바다가 수평적 대상이라면 3연에서의 먼 곳인 하늘은 수직적 대상이다.

먼 곳이 바다에서 하늘로 바뀐 데에는 이러한 그네의 움직임과 관련이 있다. 춘향은 계속해서 먼 하늘로 가고자 한다. 그러나 그네는 일정 높이에 이르면 다시 하강하기 마련이다. 그것은 그넷줄이 있기 때문이다. 그네가 하늘로 못 올라가도록 하는 것이 그넷줄이라면, 춘향을 하늘로 못 올라가게 하는 것은 이도령에 대한 사랑의 끈이다. 사랑의 끈을 끊지 못하는 한 춘향은 사랑의 번뇌가 가득한 지상으로 되돌아올 수밖에 없다. (중략)

5연은 다시 지상으로 끌려온 그네의 모습을 보여 준다. 그러나 이것은 또 다른 상승에로의 출발이 된다. 이 부근에서의 그네의 운동은 다시 수평운동이고 그래서 5연의 직유도 바람이 파도를 밀어 올리는 수평운동이다. 그러나 이것은 1연에서의 수평운동과 약간 다르다. 1연에서는 먼 바다로 배를 내어 미는 것이니까 먼 곳으로 갈 수 있다는 가능성이 열려 있는 수평운동이다. 이에 반해 5연에서 바람이 파도를 밀어 올리는 것은 부질없는 반복으로서의 수평운동이다. 즉 4연의 체념 과정을 거쳤기 때문에 이제는 아무래도 먼 곳으로 갈 수 없다는 것을 알고서는 헛된 몸부림인 줄 알면서도 그렇게 해 본다는 의미가 숨어 있다. (중략)

이상과 같이, 이 시는 말뜻이나 문채(文彩)에서부터 행 가름과 구두점에 이르기까지 시의 모든 요소들이 잘 어울려 있다. 이 시가 지닌 아름다운 감동은 이러한 치밀한 짜임새의 효과에서 비롯된다. 이렇듯 외견상으로는 단순해 보이는 한 편의 시가 아주 복잡한 의미 구조를 가지고 있는데, 이 점을 무시하고는 좋은 시 짓기도 있을 수 없고 또 좋은 시 읽기도 있을 수 없다.

1. 〈추천사〉의 각 연에 대해 글쓴이가 해석한 내용을 정리해 보자.

1연	

2연	
3연	
4연	
5연	

2. 아래의 시어가 뜻하는 것을 그림을 참고하여 써 보자.

하늘	
수양버들	
새	
나비	
풀꽃뎀이	
그네의 수직·수평 운동	

3. 자신이 해석했던 내용과 차이가 있었다면, 그 이유는 무엇이라고 생각하는가?

쓰기

다음 시를 읽고, 이 시에 대한 평론을 써 보자.

우리집 뜰

천상병

서울과 의정부시가 맞붙은 곳에
자리잡은 이 집은 가난한 집이다
그래도 뜰은 볼 만하다
감나무와
버드나무와
무궁화꽃이 피며
이름도 모를 잡나무가 있다.

장모님과
여고 삼 년인 영진과
마누라 그리고 셋방든 홍씨와
합해서 일곱 명이 살고 있는 이 집은
뜰로서 부끄럽지 않다.

언제나 푸르고 녹색인 뜰
맑고 곱고 아담한 뜰
나는 생각나면
이 뜰에서 쉰다
그 포근함이여
깨끗한 공기여

1. 위 시는 3연으로 구성되어 있다. 각 연의 내용을 간단하게 설명해 보자.

1연	
2연	
3연	

2. 1연에 제시한 나무들은 화자가 같이 살고 있는 가족들을 상징한다. '감나무', '버드나무', '무궁화 꽃', '잡나무'의 특징을 찾아보고, 각 나무와 가족들을 연결해 보자.

감나무	
버드나무	
무궁화꽃	
잡나무	

3. 위 시에서 화자가 자랑하고 있는 '뜰'은 결국 무엇을 이야기하는 것인가? '뜰'에 대해서 화자는 어떻게 생각하고 있는가?

4. 지금까지 이해하고 분석한 내용을 바탕으로 시 평론을 써 보자. 앞서 읽은 <추천사>의 해석 글을 참고하여 각 연을 분석한 내용과 시어의 상징 등을 자세하게 써 보자.

5. 여러분이 쓴 글을 다시 한 번 읽고 평가해 보자. 그리고 부족한 부분이 있으면 고쳐 보자.

구분		평가 내용	잘함	보통	부족
내용	처음	처음이 흥미로운가?			
		처음에서 요구되는 내용(감상 대상 및 감상 동기 등)이 잘 제시되었는가?			
	중간	작품의 내용을 제시하였는가?			
		감상을 구체적으로 제시하였는가?			
		내용과 감상의 관계는 긴밀한가?			
	끝	끝에서 요구하는 내용(감상 종합 등)이 잘 제시되었는가?			
형식	글	처음-중간-끝을 구분하여 썼는가?			
	문단	문단 나누기가 잘 되었는가?			
		문단 간의 연결이 논리적인가?			
	문장	문장 간의 연결이 논리적인가?			
		접속어 등 문장을 연결하는 표현이 잘 쓰였는가?			
표현	문장	문장의 길이는 적당한가?			
		문법적으로 맞는 문장을 썼는가?			
		문장의 호응이 잘 이루어졌는가?			
	어휘 표현	사용된 어휘와 어구 표현이 문맥에 적절한가?			
		다양한 어휘와 어구 표현을 사용하였는가?			

도움말

춘향전 줄거리

조선 시대, 어느 해 단옷날 남원부 아들 이몽룡은 몸종 방자를 데리고 광한루 구경을 나선다. 그네놀이하는 처녀들의 무리 속에서 춘향을 발견한 몽룡은 첫눈에 반해서 방자를 보내 불러오게 한다. 몽룡은 춘향과 사랑에 빠져, 백년가약을 맺고 자신의 마음이 영원히 변치 않을 것임을 맹세한다.

하지만 몽룡의 아버지 이 사또가 한양으로 가게 되자 몽룡도 할 수 없이 가족을 따라 한양으로 간다. 그 사이 남원부사로 발령난 변학도는 남원의 춘향이 미인이란 소문을 듣고 온 지 삼일 만에 춘향에게 수청 들기를 강요한다. 춘향은 이몽룡과 이미 백년가약을 했기 때문에 변학도의 뜻을 받아들일 수 없다고 한다. 화가 난 변 사또는 춘향을 고문하고 감옥에 가두지만 춘향은 뜻을 굽히지 않는다.

한편, 몽룡은 부지런히 공부해 장원급제를 하고 암행어사로 임명받아 남원으로 내려온다. 남원 근처에 이르러 변학도의 폭정에도 불구하고 절개를 지킨 춘향을 칭찬하는 소리를 듣는다. 다음 날 광한루에서 벌어진 변학도의 생일 잔치가 무르익을 무렵, 몽룡은 암행어사로 출현하고 변학도를 벌한다. 몽룡과 춘향은 재회하고 축제 분위기로 충만해진다.

서정주(1915~2000)

시인. 호는 미당. 미당은 한국어를 다루는 감각에 있어서 천부적이라고 평가받는다. 그의 고향 전라도의 사투리를 적절하게 활용하는 미당의 시 언어는 민족어의 가능성을 높이 키운 것으로 평가된다. 첫 시집 《화사집》으로 '한국의 보들레르'라고도 불렸다. 여러 문학 단체에서 왕성한 활동을 하였으며, 대표작으로 〈국화 옆에서〉, 〈귀촉도〉, 〈동천〉 등이 있다.

요약문 쓰기

요약하기란 무엇인가?

대학의 학문 활동에서 읽기와 쓰기가 차지하는 비중은 매우 크다. 거의 모든 수업에서 학생들은 많은 책을 읽고 지식을 자신의 것으로 만들기 위해 노력해야 한다. 그리고 그에 대한 평가도 수시로 이루어진다. 이때 필요하게 되는 것이 바로 '요약'이다.

인간의 뇌가 아무리 좋다고 하더라도 수많은 책을 읽고 그것을 모두 다 기억한다는 것은 불가능에 가깝다. 그래서 읽을 때에는 중요하다고 생각되는 것들을 중심으로 요약하여 이해할 수밖에 없다. 또한 이를 시험이나 과제와 같은 평가에 활용할 때에는 자신이 요약하여 이해한 것을 다시 글로 옮겨 쓰는 작업을 하게 된다. 그런 면에서 대학 학문에서 가장 중요한 것은 요약하기라고 해도 지나친 말이 아니다.

요약문 쓰기는 쓰기 전에 먼저 요약할 텍스트를 읽어야 한다는 점에서 독서와 밀접한 관련이 있다. 그런데 많은 학생들은 단순히 내용을 줄이기만 하면 요약이 된다고 생각하는 듯하다. 그러나 요약이란 해당 텍스트의 주제나 의도를 이해했을 때에만 의미가 있다. 해당 텍스트의 전체적인 주제나 의도는 무시하고 단지 읽은 내용의 몇몇 부분을 옮겨 내용을 줄이기만 하면, 문장 간의 연결이 부자연스럽거나 전체적으로 앞뒤가 맞지 않게 될 때가 많다. 당연히 이런 식으로 시험 답안지를 쓰면 아무리 많이 쓴다고 해도 좋은 성적을 받기 어려울 것이다.

요약이란 자신이 읽은 내용을 자신의 언어로 바꾸는 활동이기도 하다. 예를 들어, "여기에 수박, 포도, 복숭아, 자두, 참외 등이 있다"는 문장을 더 요약해야 한다고 가정해 보자. 여기서 어떤 과일 하나만을 선택하여 '여기에 수박 등이 있다'라든지 또는 '여기에 포도 등이 있다'고 말하는 것은 어딘지 모르게 충분하지 않다는 느낌을 준다. 이때에는 해당 문장에 열거된 것들이 공통적으로 '여름에 먹는 과일'이라는 점에 착안하여 '여기에 여름 과일들이 있다'고 하는 것이 더 좋은 요약이다.

그러나 위의 문장을 다시 "마트에 여름 과일들이 있다"고 말하는 것은 올바른 요약이 될 수 없다. 요약은 자신이 읽은 텍스트의 주제나 의도가 전제돼야 하기 때문이다. 설령 자신이 자주 가는 마트에 위에 열거한 과일들이 모두 있다고 하더라도, 우리가 읽은 텍스트에 '마트'라고 단정할 수 있는 어떤 정보도 없기 때문에 임의로 '여기에'라는 말을 '마트에'로 바꿀 수 없는 것이다. 요컨대 요약은 텍스트에 대한 충분한 이해를 바탕으로, 자신의 말로 자신이 읽은 내용을 풀어내는 활동이라고 말할 수 있다.

요약할 때는 무엇에 주의해야 하는가?

▪ 핵심적인 내용만을 바탕으로 써야 한다.

요약문은 텍스트의 핵심적인 내용을 파악하여 정리하는 것이므로 중요하지 않거나 불필요한 것은 과감하게 삭제해야 한다. 배경이 되는 논의, 부연 설명, 구체적인 예시나 사례 등은 삭제하는 것이 좋다. 또한 중요하더라도 반복적인 부분은 삭제한다. 예를 들어 어떤 현상을 설명하기 위해 예를 여러 가지 들었다면 이들 중 대표적인 하나만 선택하고 나머지는 삭제한다.

▪ 텍스트에 없는 내용을 추가해서는 안 된다.

학생 중에는 간혹 자기의 주장을 더 넣거나 텍스트에 없는 내용이나 자료를 첨가하는 경우가 있는데, 이는 텍스트의 내용을 훼손하고 텍스트의 주제까지도 바꿀 수 있으므로 텍스트에 없는 내용을 추가해서는 안 된다.

▪ 작성한 요약문 자체가 완결성이 있는 글이 되어야 한다.

요약한 결과물, 즉 요약문 자체가 논리적으로 완성도가 있는 하나의 글이 되어야 한다. 그래서 요약문만 읽어도 그것이 무엇을 말하고 있는지 바로 이해될 수 있어야 한다.

요약은 어떻게 하는가?

요약은 텍스트를 읽고 그 내용을 정리하여 쓰는 것이므로, 요약의 과정은 크게 두 단계로 이루어진다. 첫째는 텍스트를 읽고 중요한 내용을 파악하는 단계이며, 둘째는 파악한 내용을 논리적으로 조직하여 쓰는 단계이다.

과정 1 : 요약하며 읽기

요약하기 위해서는 먼저 텍스트의 중심 내용이 무엇인지, 글의 구조가 어떤지 파악해야 한다. 이를 위해서는 다음과 같은 절차를 따르는 것이 좋다.

▪ 1단계 : 빠르게 읽으며 중심 내용 파악하기

이 단계에서는 글 전체를 빠르게 읽으며 글의 목적, 주제, 구조를 파악한다. 중요한 부분에 밑줄을 그으며 읽는 방법이 좋다. 이때는 세부 내용까지 정확히 파악하려 하지 말고 글의 전체 구조 및 흐름을 파악하면서 중심 생각만 찾아보는 것이 좋다.

▪ 2단계 : 다시 읽으며 문단별 중심 내용 파악하기

글을 처음부터 다시 읽으며 문단별로 중심 내용을 찾는다. 그런 후 문단 중에 내용이 서로 연결되는 문단이 있는지 보고, 연결되는 문단끼리 묶어 중심 내용을 정리한다. 이때 다음에 유의하도록 한다.

- 글의 처음 부분은 주제에 대한 도입, 글을 쓰는 이유 등이 들어 있다.
- 저자가 말하고자 하는 중심 내용은 주로 글의 중간에 들어 있다.
- 하나의 문단에는 하나의 중심 생각이 들어 있는데, 중심 생각은 보통 문단의 처음이나 마지막에 있다.

▪ 3단계 : 내용 구조화하기

다시 한 번 읽으며 글의 구조적 특징과 전개 방식을 찾는다. 대부분의 글은 글의 종류와 목적에 따른 전개 방식을 가지고 있다. 예를 들어 여러분이 자주 쓰는 논설문과 같이 주장하는 글은 서론-본론-결론의 구조를, 이해를 목적으로 하는 설명문은 처음-중간-끝의 구조를 가진다. 이러한 구조를 파악한 후 앞에서 찾은 각 문단의 중심 내용을 이 구조적 틀에 맞추어 배열한다.

과정 2 : 요약문 쓰기

과정 1에서 중심 내용과 구조를 파악했다면 이제 파악한 내용을 글로 표현해야 한다. 쓰기 단계에서는 중심 내용을 논리적으로 조직해 써야 하는데, 다음과 같이 하는 것이 좋다.

▪ 1단계 : 요약문의 구조를 결정하고 개요 작성하기

글을 쓰기 위해서는 먼저 개요를 작성해야 하는데, 앞의 "3단계: 내용 구조화하기" 단계에서 구조화한 내용을 바탕으로 새롭게 개요를 작성하거나 그것을 개요로 바로 이용해도 좋다. 이때 요약 대상 텍스트의 구조나 전개 순서에 맞게 개요를 작성해도 되고, 다르게 조직해도 된다.

▪ **2단계 : 일정한 길이로 요약문 작성하기**

앞 개요를 바탕으로 글을 쓴다. 그런데 핵심 내용만을 연결하여 글을 쓰는 것이므로 문장이 유기적으로 잘 연결되지 않을 수도 있다. 따라서 문장 간의 논리적 연결이나 접속어 등에 유의하여 쓴다.

▪ **3단계 : 전체 내용 및 표현 점검하기**

마지막으로 쓴 글을 다시 읽으며 내용 및 표현을 점검하고 오류가 있는 부분은 고친다.

요약문 쓰기를 따라가 보자

이제 실제로 글을 요약하는 과정을 따라가 보자.

과정 1 : 요약하며 읽기

▪ **1단계 : 빠르게 읽으며 중심 내용 파악하기**

중요한 부분에 밑줄을 그으며 빠르게 읽어 본다.

우리 사회는 독서를 매우 존중한다. 책을 읽는 것은 무조건 좋은 것이며, 꼭 필요한 것이라고 강조된다. 우리 사회에서 독서는 그 누구도 거부하기 어려운 억압적 가치가 되어 있다. 많은 사람들은 독서 인구가 줄어드는 현상에 대해서, 학생들이 책을 읽지 않는 풍토에 대해서 우려를 표한다. 심지어는 텔레비전 개그 프로그램 속의 개그맨들까지 책을 들고 나와서 책을 읽으라고 야단이다.

그러나 현재 우리 사회에서 독서에 대한 관념과 실질 사이에는 큰 괴리가 있어 보인다. 누구나 다 책을 읽는 것이 좋다고 생각하지만, 실제로 즐겨 독서를 하는 사람은 거의 없는 것처럼 짐작된다. 지식인들, 심지어는 인문학을 전공하는 학자들조차 자신의 전공과 상관이 없는 독서는 별로 하지 않는 것 같다. 우리 사회에서 독서는 남에게 강요하는 것이지 자기 자신이 하는 것은 아닌 듯하다. 또 독서는 관념적으로만 중시되고 있지 실질적으로 전혀 중시되지 않고 있는 듯하다.

관념과 실질이 일치하지 않을 때 필요한 것은 당연시되는 것들에 대한 회의요 물음이다. 오늘날 독서와 관련해서 보다 절실한 것은 독서 캠페인이라기보다 독서에 대한 근본적인 물음일 것 같다. 책을 읽는 일이 무조건 좋은 일인가? 독서에서 얻을 수 있는 것을 다른 방식으로 얻을 수는 없는가? 세상이 크게 바뀌어도 여전히 독서의 옛 가치와 기능은 유효한가? 아무런 책이라도 읽는 것이 안 읽는 것보다 좋은가? 현재의 삶의 조건 속에서 독서를 통해 얻을 수 있는 것이 무엇일까? 한 마디로 말해서 전자 시대 또는 영상 시대를 살아가는 우리에게 독서란 도대체 무엇인가를 다시 생각해 볼 필요가 있다.

독서란 두 말할 것도 없이, 책을 읽는 것이다. 그러나 독서가 시대나 나라를 초월해서 항상 똑같은 것은 아니었다. 독서도 그 나름의 역사를 가지고 있다. 서구의 경우, 17세기 이전에는 독서란 입으로 소리 내어 읽는 행위를 뜻하였다. 우리나라의 경우에도 조선 시대 선비들에게 책은 눈으로 보는 것이 아니라 입으로 소리 내어 읽는 것이었다. 그리고 그 책 자체가 매우 귀한 것이었기 때문에 독서는 한정된 책을 매우 꼼꼼하게 반복적으로 읽는 행위였다. 읽는 행위는 암송하기 전 단계의 일이기도 했다. 그러나 인쇄술의 발달로 책을 비롯한 읽을거리들이 많아지면서 독서의 성격은 크게 달라졌다. 인쇄문자 시대가 열리자 읽을거리들이 갑자기 많아졌고, 읽을 줄 아는 사람들도 많아졌다. 18세기 무렵 독서가 광범위하게 확산되었는데, 당시 독서의 해악을 경고하는 목소리도 많았다. 독서가 도덕적, 정치적 악영향을 끼치게 될 뿐만 아니라, 두통, 시력 감퇴, 구토, 관절염, 빈혈, 소화 장애, 변비 등등 건강에도 나쁜 영향을 끼친다는 주장도 있었다. 그러나 인쇄문화 시대에 들어와 독서는 인간의 가장 중요한 행위의 하나가 되었고, 근대 이후의 사유 구조와 문학에 커다란 영향을 끼쳤다. 근대 이후로, 문학이 고귀한 것이 되었듯 독서도 고귀한 행위가 되었다.

구텐베르크 사회에서 읽기는 가장 유용하고 심지어 필수 불가결한 첫 번째 기술이다. 대부분의 사람들은 읽기를 배울 때의 강렬한 체험을 좀처럼 잊지 못하며, 그 체험은 특히 처음 읽기 능력을 인정받는 그 기념할 만한 날에 절정을 이룬다. 이러한 사실은 읽기가 현대 정신에 얼마나 핵심적인가를 보여 준다. (중략) 독자들은 침묵으로 둘러싸인 분리된 개인이며, 그들의 지성은 활자가 인쇄된 종이 위에서 동떨어진 신비한 현실과 조우하는 것이다. 그 현실은 희미할 뿐만 아니라 추상적인 일련의 상징들로 이루어졌으며 사진이 아니라 음성언어를 표현하는 알파벳

> 기호로 이루어져 있다. 또한 그 기호 자체는 현실과 오직 자의적이고 관습화된 관계를 맺고 있을 뿐이다. 활자화된 기호는 불확정적이고 무한한 해석을 요구한다. 발화된 상황에 대한 완전한 맥락이 비어 있기 때문에 활자로 씌어진 진리는 결코 단순하지 않으며, 문장과 구를 구성하는 문법과 구문만큼이나 언제나 양가적이고 불확실하고 교묘하고 복잡하다. (중략) 말 그대로 인쇄술이 문학을 만들었다. (중략) 인쇄 논리에 따른 문학의 변모에 대해서는 거의 끝없이 열거할 수 있다. 하지만 중요한 핵심은 분명하다. 인쇄술이 문학에서는 너무나 핵심적인 요인이기 때문에 문학이란 역사적으로 인쇄문화의 문화적 체계였다고 말해도 과언이 아니다.

아주 간략히 말해서, 독서란 인쇄문화의 산물이며 문학의 짝이다. 그리고 인쇄 문화와 독서와 문학은 근대의 양식들이며, 독서가 삶의 지혜를 얻는 최선의 방책이라는 생각도 근대적 독서관이다.

독서의 효용에 대한 우리의 통념은 다음과 같이 정리될 수 있다. 책 속에는 삶과 세계에 대한 지식이 효율적인 방식으로 제시되어 있다. 책 속에는 현실을 어떻게 인식하고 또 어떻게 살아야 하는가에 대한 답이 있다. 책 속에 길이 있는 것이다. 뿐만 아니라 독서는 언어 능력을 향상시키고 주의력과 상상력을 키워 준다. 그리고 문맥적 상대주의의 감각을 계발하여 감수성이 예민하고 호기심이 많은 인간이 되게 한다. 읽는 책의 가치가 높으면 독서는 그만큼 더 큰 보상을 받는다. 독서는 바람직한 자아의 형성을 위한 매우 중요한 수단이 된다.

한편, 독서 특히 문학 독서를 한다는 것은, 단순히 지식과 정보를 습득하거나 표현을 음미하는 것에 그치지 않는다. 그것은 현실을 떠나서 책 속의 세계로 빠져 들어가는 형이상학적 과정이다. 독서삼매경에 깊이 빠지면, 창밖의 실제 풍경은 사라지고 책 속의 풍경이 펼쳐진다. 독서하는 사람은 또 다른 세계의 또 다른 자아가 되는 것이다. 물론 이 과정은 언어를 통해서 이루어진다. 그러나 작가가 책 속에 마련된 세계를 그대로 자기 마음속에 옮겨 놓는 것은 아니다. 자기를 완전히 잃어버리고 책 속에 몰입하는 것이 아니라, 자신의 의식과 책 속의 목소리를 만나는 것이다. 독서삼매경에 깊이 빠져 있을 때에도 우리의 의식은 작용한다. 이런 점에서 독서란 작가와 독자의 공동작업이다. 그리고 독서의 공간 속에서 의미와 질서를 발견하는 일은 곧 자신의 삶과 실제 세계에서 의미와 질서에 대한 감각을 키우는 일이 된다.

또한, 독서란 실제 세계를 벗어나 다른 공간으로 들어가는 내면적인 여행이기도 하다. 독서는 텍스트의 공간 속으로 스스로 들어가는 일뿐 아니라, 세계를 바라보는 우리의 시각을 조정하는 일, 즉 다르게 보기 위해 우리 자신을 재조정하는 일이다. 이런 점에서도 독서는 조용하고 고립적이며 사적인 공간 속에서의 작업일 수밖에 없다. 또 고상하고 깊은 내면적 작업일 수밖에 없다. 또 그 대상은 고상하고 진지한 내용의 책이 되어야 마땅하다.

독서의 심리적 과정에 대한 이러한 버커츠의 통찰은 주목할 만하다. 이러한 심리적 과정에 대한 이해는 곧 독서의 의의와 기능에 대한 이해가 될 것이며 또한 우리가 소중하게 생각해야 할 독서란 것이 어떤 것인가에 대한 이해가 될 것이다. 만약 독서가 이러한 의미를 지니지 못하고 그냥 단순 정보만 습득하는 것이거나 가벼운 오락 거리에 그치게 된다면, 그것은 비디오 감상이나 텔레비전 시청과 별로 다를 것이 없는 행위가 된다. 즉 독서를 권장해야 할 필요가 없어지는 셈이다.

밑줄 그은 내용을 중심으로 다음에 대해 생각해 본다.

1. 글의 목적은 무엇인가?

2. 글에서 저자가 다루고 있는 문제는 무엇인가?

3. 글에서 저자가 말하고자 하는 중심 내용은 무엇인가?

위에 대한 답을 찾으면 아래와 같이 보일 수 있을 것이다.

1. 필자의 주장을 펼쳐 독자를 설득하려고 함.
2. 독서의 기능과 의미.
3. 독서란 단순히 지식과 정보를 습득하는 것이 아니라 현실을 떠나 책속의 세계로 들어가는 행위이다. 이를 통해 책 속에서 의미와 질서를 발견하게 되는데 이는 곧 자신의 삶과 실제 세계에서 의미와 질서에 대한 감각을 키우는 일이 된다. 또한 독서란 실제 세계를 벗어나 다른 공간으로 들어가는 내면적인 여행이기도 하다. 독서는 텍스트의 공간 속으로 스스로 들어가는 일뿐 아니라, 세계를 바라보는 우리의 시각을 조정하는 일, 즉 다르게 보기 위해 우리 자신을 재조정하는 일이다. 이러한 독서의 심리적 과정에 대한 이해는 곧 독서의 의의와 기능에 대한 이해가 될 것이며 또한 우리가 소중하게 생각해야 할 독서란 것이 어떤 것인가에 대한 이해가 될 것이다.

▪ 2단계 : 다시 읽으며 문단별 중심 내용 파악하기

글을 처음부터 다시 읽으며 문단별로 중심 내용을 찾아 오른쪽에 간단히 적어 본다.

우리 사회는 독서를 매우 존중한다. 책을 읽는 것은 무조건 좋은 것이며, 꼭 필요한 것이라고 강조된다. 우리 사회에서 독서는 그 누구도 거부하기 어려운 억압적 가치가 되어 있다. 많은 사람들은 독서 인구가 줄어드는 현상에 대해서, 학생들이 책을 읽지 않는 풍토에 대해서 우려를 표한다. 심지어는 텔레비전 개그 프로그램 속의 개그맨들까지 책을 들고 나와서 책을 읽으라고 야단이다.

① 문단
독서에 대한 우리 사회의 인식 : 우리 사회는 독서를 매우 중요하고 필요한 것이라고 생각한다.

그러나 현재 우리 사회에서 독서에 대한 관념과 실질 사이에는 큰 괴리가 있어 보인다. 누구나 다 책을 읽는 것이 좋다고 생각하지만, 실제로 즐겨 독서를 하는 사람은 거의 없는 것처럼 짐작된다. 지식인들, 심지어는 인문학을 전공하는 학자들조차 자신의 전공과 상관이 없는 독서는 별로 하지 않는 것 같다. 우리 사회에서 독서는 남에게 강요하는 것이지 자기 자신이 하는 것은 아닌 듯하

② 문단
독서에 대한 실질과 관념의 불일치 : 중요하다고 생각하지만, 실제 독서를 하는 사람은 많지 않다. 이는 독서가 관념적으로만 중시되

다. 또 독서는 관념적으로만 중시되고 있지 실질적으로 전혀 중시되지 않고 있는 듯하다.

관념과 실질이 일치하지 않을 때 필요한 것은 당연시되는 것들에 대한 회의요 물음이다. 오늘날 독서와 관련해서 보다 절실한 것은 독서 캠페인이라기보다 독서에 대한 근본적인 물음일 것 같다. 책을 읽는 일이 무조건 좋은 일인가? 독서에서 얻을 수 있는 것을 다른 방식으로 얻을 수는 없는가? 세상이 크게 바뀌어도 여전히 독서의 옛 가치와 기능은 유효한가? 아무런 책이라도 읽는 것이 안 읽는 것보다 좋은가? 현재의 삶의 조건 속에서 독서를 통해 얻을 수 있는 것이 무엇일까? 한 마디로 말해서 전자 시대 또는 영상 시대를 살아가는 우리에게 독서란 도대체 무엇인가를 다시 생각해 볼 필요가 있다.

독서란 두 말할 것도 없이, 책을 읽는 것이다. 그러나 독서가 시대나 나라를 초월해서 항상 똑같은 것은 아니었다. 독서도 그 나름의 역사를 가지고 있다. 서구의 경우, 17세기 이전에는 독서란 입으로 소리 내어 읽는 행위를 뜻하였다. 우리나라의 경우에도 조선 시대 선비들에게 책은 눈으로 보는 것이 아니라 입으로 소리 내어 읽는 것이었다. 그리고 그 책 자체가 매우 귀한 것이었기 때문에 독서는 한정된 책을 매우 꼼꼼하게 반복적으로 읽는 행위였다. 읽는 행위는 암송하기 전 단계의 일이기도 했다. 그러나 인쇄술의 발달로 책을 비롯한 읽을거리들이 많아지면서 독서의 성격은 크게 달라졌다. 인쇄문자 시대가 열리자 읽을거리들이 갑자기 많아졌고, 읽을 줄 아는 사람들도 많아졌다. 18세기 무렵 독서가 광범위하게 확산되었는데, 당시 독서의 해악을 경고하는 목소리도 많았다. 독서가 도덕적, 정치적 악영향을 끼치게 될 뿐만 아니라, 두통, 시력 감퇴, 구토, 관절염, 빈혈, 소화 장애, 변비 등등 건강에도 나쁜 영향을 끼친다는 주장도 있었다. 그러나 인쇄문화 시대에 들어와 독서는 인간의 가장 중요한 행위의 하나가 되었고, 근대 이후의 사유 구조와 문학에 커다란 영향을 끼쳤다. 근대 이후로, 문학이 고귀한 것이 되었듯 독서도 고귀한 행위가 되었다.

지, 실제 그렇지 않다는 것을 의미한다.

③ 문단

근본적인 질문을 할 필요가 있음 : 관념과 실제가 일치하지 않을 때는 '과연 독서가 좋은 것인가'에 대한 근본적인 질문이 필요하다.

④ 문단

독서의 시대적 의미 변천 : 인쇄술의 발달로 독서가 확산되고 독서의 중요성이 강조되었다.

구텐베르크 사회에서 읽기는 가장 유용하고 심지어 필수 불가결한 첫 번째 기술이다. 대부분의 사람들은 읽기를 배울 때의 강렬한 체험을 좀처럼 잊지 못하며, 그 체험은 특히 처음 읽기 능력을 인정받는 그 기념할 만한 날에 절정을 이룬다. 이러한 사실은 읽기가 현대 정신에 얼마나 핵심적인가를 보여준다. (중략) 독자들은 침묵으로 둘러싸인 분리된 개인이며, 그들의 지성은 활자가 인쇄된 종이 위에서 동떨어진 신비한 현실과 조우하는 것이다. 그 현실은 희미할 뿐만 아니라 추상적인 일련의 상징들로 이루어졌으며 사진이 아니라 음성언어를 표현하는 알파벳 기호로 이루어져 있다. 또한 그 기호 자체는 현실과 오직 자의적이고 관습화된 관계를 맺고 있을 뿐이다. 활자화된 기호는 불확정적이고 무한한 해석을 요구한다. 발화된 상황에 대한 완전한 맥락이 비어 있기 때문에 활자로 씌어진 진리는 결코 단순하지 않으며, 문장과 구를 구성하는 문법과 구문만큼이나 언제나 양가적이고 불확실하고 교묘하고 복잡하다. (중략) 말 그대로 인쇄술이 문학을 만들었다. (중략) 인쇄 논리에 따른 문학의 변모에 대해서는 거의 끝없이 열거할 수 있다. 하지만 중요한 핵심은 분명하다. 인쇄술이 문학에서는 너무나 핵심적인 요인이기 때문에 문학이란 역사적으로 인쇄문화의 문화적 체계였다고 말해도 과언이 아니다.

아주 간략히 말해서, 독서란 인쇄문화의 산물이며 문학의 짝이다. 그리고 인쇄 문화와 독서와 문학은 근대의 양식들이며, 독서가 삶의 지혜를 얻는 최선의 방책이라는 생각도 근대적 독서관이다.

독서의 효용에 대한 우리의 통념은 다음과 같이 정리될 수 있다. 책 속에는 삶과 세계에 대한 지식이 효율적인 방식으로 제시되어 있다. 책 속에는 현실을 어떻게 인식하고 또 어떻게 살아야 하는가에 대한 답이 있다. 책 속에 길이 있는 것이다. 뿐만 아니라 독서는 언어 능력을 향상시키고 주의력과 상상력을 키워 준다. 그리고 문맥적 상대주의의 감각을 계발하여 감수성이 예민하고 호기심이 많은 인간이 되게 한다. 읽는 책의 가치가 높으면 독서는 그만큼 더 큰 보상을 받는다. 독서는 바람직한 자아의 형성을 위한 매우 중요한 수단이 된다.

⑤ 문단

독서의 효용성에 대한 우리의 통념 : 3가지 제시

한편, 독서 특히 문학 독서를 한다는 것은, 단순히 지식과 정보를 습득하거나 표현을 음미하는 것에 그치지 않는다. 그것은 현실을 떠나서 책 속의 세계로 빠져 들어가는 형이상학적 과정이다. 독서삼매경에 깊이 빠지면, 창밖의 실제 풍경은 사라지고 책 속의 풍경이 펼쳐진다. 독서하는 사람은 또 다른 세계의 또 다른 자아가 되는 것이다. 물론 이 과정은 언어를 통해서 이루어진다. 그러나 작가가 책 속에 마련된 세계를 그대로 자기 마음속에 옮겨 놓는 것은 아니다. 자기를 완전히 잃어버리고 책 속에 몰입하는 것이 아니라, 자신의 의식과 책 속의 목소리를 만나는 것이다. 독서삼매경에 깊이 빠져 있을 때에도 우리의 의식은 작용한다. 이런 점에서 독서란 작가와 독자의 공동작업이다. 그리고 독서의 공간 속에서 의미와 질서를 발견하는 일은 곧 자신의 삶과 실제 세계에서 의미와 질서에 대한 감각을 키우는 일이 된다.

또한, 독서란 실제 세계를 벗어나 다른 공간으로 들어가는 내면적인 여행이기도 하다. 독서는 텍스트의 공간 속으로 스스로 들어가는 일뿐 아니라, 세계를 바라보는 우리의 시각을 조정하는 일, 즉 다르게 보기 위해 우리 자신을 재조정하는 일이다. 이런 점에서도 독서는 조용하고 고립적이며 사적인 공간 속에서의 작업일 수밖에 없다. 또 고상하고 깊은 내면적 작업일 수밖에 없다. 또 그 대상은 고상하고 진지한 내용의 책이 되어야 마땅하다.

독서의 심리적 과정에 대한 이러한 버커츠의 통찰은 주목할 만하다. 이러한 심리적 과정에 대한 이해는 곧 독서의 의의와 기능에 대한 이해가 될 것이며 또한 우리가 소중하게 생각해야 할 독서란 것이 어떤 것인가에 대한 이해가 될 것이다. 만약 독서가 이러한 의미를 지니지 못하고 그냥 단순 정보만 습득하는 것이거나 가벼운 오락 거리에 그치게 된다면, 그것은 비디오 감상이나 텔레비전 시청과 별로 다를 것이 없는 행위가 된다. 즉 독서를 권장해야 할 필요가 없어지는 셈이다.

⑥ 문단

독서의 진정한 기능과 의의 : 독서란 현실을 떠나 책 속의 세계로 들어가는 행위이다. 이를 통해 책 속에서 의미와 질서를 발견하게 되는데 이는 곧 자신의 삶과 실제 세계에서 의미와 질서에 대한 감각을 키우는 일이다.

⑦ 문단

독서의 진정한 기능과 의의 : 독서는 텍스트의 공간 속으로 스스로 들어가는 일뿐 아니라, 세계를 바라보는 우리의 시각을 조정하는 일, 즉 다르게 보기 위해 자신을 재조정하는 일이다.

⑧ 문단

독서를 권장하는 진정한 이유 강조

▪ 3단계 : 내용 구조화하기

글의 전개 방식을 찾아 정리해 본다.

가. 독서에 대한 우리 사회의 인식과 실제(현황 제시) : ①, ② 문단
　독서는 왜 하는가, 어떤 효용성이 있는가?(문제 제기) : ③ 문단
나. 독서의 의미가 중시된 것은 언제부터인가?(전개) : ④ 문단
다. 독서의 효용성에 대한 현재 우리 사회의 일반적 통념(전개) : ⑤ 문단
라. 독서의 진정한 기능과 의의(주장 및 강조) : ⑥, ⑦, ⑧ 문단

과정 2 : 요약문 쓰기

▪ 1단계 : 요약문의 구조를 결정하고 개요 작성하기

읽은 내용에 대해 개요를 작성한다.

처음	1. 문제 제기 1) 독서에 대한 우리 사회의 인식 2) 독서에 대한 실질과 관념의 불일치 → 독서에 대한 근본적 질문 필요 : 독서는 왜 하는가, 어떤 효용성이 있는가?
중간	2. 독서에 대한 의미 변천 1) 독서의 의미가 항상 같았던 것은 아니다. 2) 독서가 중요하다고 인식된 것은 근대 이후이다. 3. 독서의 효용성에 대한 우리 사회의 통념 1) 책 속에는 삶과 세계에 대한 지식이 있어서 우리가 현실을 어떻게 살아야 하는가에 대한 답이 있다.

중간	2) 독서는 언어 능력과 주의력, 상상력을 발전시킨다. 3) 독서는 감수성이 예민하고 호기심 많은 사람이 되게 한다. → 독서는 바람직한 자아의 형성을 위한 매우 중요한 수단이 된다. 4. 독서의 진정한 기능과 의의 1) 독서를 통해 책 속에서 의미와 질서를 발견하게 되는데 이는 곧 자신의 삶과 실제 세계에서 의미와 질서에 대한 감각을 키우는 일이다. 2) 독서는 텍스트의 공간 속으로 스스로 들어가는 일뿐 아니라 세계를 바라보는 우리의 시각을 조정하는 일, 즉 다르게 보기 위해 우리 자신을 재조정하는 일이다. → 독서를 권장하는 이유가 여기에 있다.
끝	마무리

▪ 2단계 : 일정한 길이로 요약문 작성하기

앞의 개요를 바탕으로 요약문을 쓴다.

우리 사회는 독서를 매우 중요하고 필요한 것이라고 강조한다. 하지만 이러한 관념에 비해 실제 독서를 하는 사람은 많지 않다. 이처럼 관념과 실제 사이에 괴리가 있을 때에는 독서란 무엇인가에 대한 근본적인 질문이 필요하다.

독서란 책을 읽는 행위이다. 그러나 독서가 시대나 나라를 초월해서 항상 똑같은 것은 아니었다. 독서의 의미는 시대에 따라 달리 인식되었는데, 독서가 중요하다고 인식된 것은 근대 이후이다. 근대 이후 독서는 삶의 지혜를 얻는 최선의 방책이라고 생각되었는데, 일반적으로 우리는 다음과 같은 이유 때문에 독서가 유용하다고 생각한다. 즉 책을 통해 우리는 현실을 어떻게 살아야 하는가에 대한 답을 얻을 수 있고 언어 능력과 주의력, 상상력을 발전시킬 수도 있으며 감수성이 예민하고 호기심 많은 사람이 될 수 있다는 것이다. 결국 독서는 바람직한 자아의 형성을 위한 매우 중요한 수단이 된다는 것이다.

그런데 독서를 한다는 것은, 단순히 지식과 정보를 습득하는 것에 그치지 않는다. 독서란 현실을 떠나 책 속의 세계로 들어가는 행위이다. 이를 통해 책 속에서 의미와 질서를 발견하게 되는데 이는 곧 자신의 삶과 실제 세계에서 의미와 질서에 대한 감각을 키우는 일이 된다. 또한 독서란 실제 세계를 벗어나 다른 공간으로 들어가는 내면적인 여행이기도 하다. 독서는 텍스트의 공간 속으로 스스로 들어가는 일뿐 아니라 세계를 바라보는 우리의 시각을 조정하는 일, 즉 다르게 보기 위해 우리 자신을 재조정하는 일이다. 독서를 권장하는 진정한 이유가 여기에 있다.

▪ 3단계 : 전체 내용 및 표현 점검하기

■■■■ 쓰기

다음 글을 위의 단계에 따라 요약해 보자.

1. 다음 글을 빠르게 읽으며 중요한 부분에 밑줄을 그어 보자. 그리고 아래 질문에 답해 보자.

인간은 누구나 언어의 세계 속에서 살고 있다. 사람은 누구든지 이 세상에 태어나면서 죽을 때까지, 언어의 홍수 속에서 산다고 해도 지나친 말은 아니다. 우리는 매일 형제와 대화를 하고, 동료들과 잡담을 하며, 낯선 사람들과 서로 인사를 나눈다. 우리는 서로 마주 보며 이야기를 하기도 하고, 전화로 이야기를 하기도 한다. 어떤 사람은 심지어 애완동물이나 인형에게도 말을 하고, 혼자서 자기 자신에게도 말을 한다. 또한 우리는 거의 날마다 글을 읽고 글을 쓰며 산다. 대부분의 사람들은 거의 매일 신문이나 잡지, 또는 기타 여러 가지 책을 읽으며, 직업적으로 글을 쓰는 작가나 기자 같은 사람이 아니더라도 일기나 편지나 숙제, 또는 가계부 같은 것들을 쓰며 산다. 이와 같이 인간은 누구나 날마다 듣고, 말하고, 읽고, 쓰는 언어의 세계 속에서 살아가고 있는 것이다.

만일 인간에게 언어가 없다면, 인간은 어떻게 될 것인가 아마 인간에게서 언어가 사라진다면 인간은 하루도 인간다운 사회생활을 영위할 수 없을 것이다. 곧, 의사소통이 이루어질 수 없으므로 올바른 인간관계가 유지될 수 없을 것이고, 따라서 사회적 협동이 이루어질 수 없을 것이다. 교육을 통한 지식의 습득과 전달이 불가능하므로, 맡은 바의 임무가 수행될 수 없을 것이며, 문화의 창조와 계승 발전이 이룩될 수 없을 것이다.

그런데 대부분의 사람들은 날마다, 듣기, 말하기, 읽기, 쓰기와 같은 언어생활을 하기 때문에, 마치 우리가 공기 속에 살고 있으면서도 공기의 중요성이나 필요성을 느끼지 못하는 것과 같이 언어의 중요성과 필요성을 인식하지 못하고 살아가고 있다. 이처럼 많은 사람들이 언어의 중요성과 필요성에 대하여 별로 관심을 갖지 않기 때문에, 이 세상에는 언어를 정확하게, 유창하게, 자연스럽게, 그리고 자유롭게 표현하고 이해할 수 있는 사람들이 그리 많지가 않다.

우리가 언어를 정확하게, 유창하게, 자연스럽게, 그리고 자유롭게 표현하고 이해할 수 있는 사람이 되려면 우리는 무엇보다도 먼저 언어에 대한 관심을 가져야 한다. 그리고 우리가 개인적으로 발전하고, 사회적으로 바람직하고 보람 있는 생활을 영위해 나가려면 우리는 언어를 지배할 수 있어야 하며, 또한 언어를 효과적으로 사용할 수 있어야 한다.

여기서 우리가 언어를 지배할 수 있어야 한다는 말은, 언어를 자기 마음대로 부릴 수 있는 능력을 갖추어야 한다는 것을 가리킨다. 우리는 어떤 내용의 말이든지 듣고 이해할 수 있어야 하고, 어떤 종류의 질문을 받든지 자기의 느낌과 생각을 정확하고 충분하게 말로 표현을 할 수 있어야 한다. 그리고 우리는 무슨 종류의 글이든지 읽고 이해할 수 있어야 하며, 어떤 내용의 글을 쓰라고 하든지 자기의 생각을 명확하고 충분하게 글로 나타낼 수 있어야 한다. 사실상 우리가 언어를 지배할 수 있으면 우리는 모든 것을 지배할 수 있다. 언어의 지배는 개인과 민족과 국가를 지배할 수 있으며, 학문과 예술과 사업을 지배할 수 있는 것이다.

또한 우리가 언어를 효과적으로 잘 사용할 수 있어야 한다는 말은, 우리가 때와 장소, 그리고 상대방의 입장이나 처지나 기분과 같은 상황에 따라 알맞은 언어 표현을 사용할 수 있어야 한다는 것을 뜻한다. 우리는 언어를 효과적으로 잘 사용하지 못함으로써 상대방의 오해와 불만을 사고, 마침내는 싸움으로 발전하는 경우를 종종 볼 수 있다. 그러나 우리가 언어를 효과적으로 잘 사용하면, 우리는 상호 이해와 협동으로써 문제를 수월하게 해결할 수 있으며, 사회를 밝고 명랑하고, 평화롭고, 질서 있게 유지시켜 나갈 수 있다. 이러 의미에서 우리는 언어를 효과적으로 잘 사용할 수 있어야 한다.

현대는 자기선전의 시대라고 한다. 현대 사회에 있어서는 모든 것이 복잡하고 다양하게 빨리 돌아가기 때문에, 자기를 잘 알리지 않고서는 이른바 출세와 성공이 보장될 수가 없다. 따라서 우리는 남에게 자기 자신을 잘 알릴 필요가 있다. 그런데 자기선전의 방법에는 여러 가지가 있겠으나, 가장 중요하고도 효과적인 방법은 언어 표현을 통한 것이다.

가령 수업 시간에 발표의 기회를 포기하거나 발표를 제대로 하지 못하는 학생은 좋은 평가를 받을 수가 없다. 그리고 입학시험이나 취직시험 등의 면접에서 자기의 생각이나 느낌을 제대로 충분히 표현하지 못하는 사람은 합격이 보장되지 않는다. 실제로 최근의 각종 시험에서는 필기시험보다 면접시험이 더 중요시되는 경향이 점점 많아지고 있다. 또한 작품을 쓰지 않는 작가는 작가로서 인정을 받지 못하고, 논문이나 책을 쓰지 않는 학자는 학계의 인정을 받지 못하는 것이다. 그러나 수업 시간에 질문을 많이 하고 발표를 잘하는 학생이나 면접시험에서 자기의 견해를 명확하고 충분하게 나타내는 수험자나 작품을 많이 쓰는 작가나 논문과 저서를 많이 내는 학자는 능력이 있는 사람으로 평가되는 것이 보통이다.

이와 같이 언어 표현을 통한 자기 능력의 선전 효과는 대단히 크다. 그러므로 우리가 능력이 있는 사람으로 인정을 받기 위해서는 언어를 지배할 수 있는 능력과 언어를 효과적으로 사용할 수 있는 힘을 길러야 한다. 그리고 이러한 능력의 소유자가 되기 위하여 우리는 무엇보다도 우선 언어에 관심을 갖고 언어를 이해하도록 노력해야 한다.

(1) 글의 목적은 무엇인가?

(2) 글에서 저자가 다루고 있는 문제는 무엇인가?

(3) 글에서 저자가 말하고자 하는 중심 내용은 무엇인가?

2. 글을 처음부터 다시 읽으며 문단별로 중심 내용을 찾아 써 보자. 그리고 문단 중에 내용상 서로 연결되는 문단이 있으면, 연결되는 문단끼리 묶어 중심 내용을 정리한다.

제1문단	
제2문단	
제3문단	
제4문단	
제5문단	
제6문단	
제7문단	
제8문단	
제9문단	

3. 글의 전개 방식을 찾아 정리해 보자.

4. 개요를 작성해 보자.

처음	
중간	
끝	

5. 앞의 개요를 바탕으로 요약문을 써 보자.

II

사회과학과 글쓰기

1. 사회를 바라보는 두 관점
2. 권리의 참된 의미
3. 보호 무역과 세계화

■ 발표문 쓰기

1. 사회를 바라보는 두 관점

학습 목표

- 특정 사건에 대해 각기 다른 입장에서 쓴 글을 읽고 이해할 수 있다.
- 사회적 이슈에 대한 자신의 관점을 주장하는 글을 쓸 수 있다.

들어가기

1. 직장이나 대중교통 등의 파업을 뉴스에서 보거나 직접 경험한 적이 있는가? 어떤 사건이었는지 구체적으로 이야기해 보자.

2. 여러분 나라에서는 파업에 대해 어떻게 생각하는가? 파업에 대해 대체로 긍정적인가? 부정적인가?

읽기

다음은 파업에 대한 기사이다. 읽고 질문에 답해 보자.

(가) KBS 노조의 파업이 17일째를 맞았다. 파업이 장기화되면서 방송 편성도 제대로 이뤄지지 못하고 있다. 노조와 회사 측의 주장이 팽팽히 맞선 채 접점을 찾지 못하고 있기 때문이다. 접점을 계속 찾지 못하고 있는 핵심적 이유는 공정 방송에 관한 것이다. 노조는 방송의 공정성, 공영성이 크게 훼손됐으므로 그 회복을 위해 공정방송위원회를 설치해야 한다고 주장하고 있다.

파업에 대해서 정○○ 아나운서는 "KBS를 국민의 방송으로 거듭나게 하려고 열심히 노력하고 있다. 이번 파업에서 가장 중요한 것은 공정방송위원회를 구성하는 것이다. 이것이 구성되면 지금처럼 한쪽 의견만 내보내고 반대 의견을 차단하는 일은 없어질 것이다. 이번 파업으로 KBS는 중대한 변화를 갖게 될 것이다."고 하였다. 나○○ PD는 "파업을 하더라도 방송은 나와야 하기 때문에 난감했지만 결론적으로 내 생각이 맞다고 느낀다. 파업에 참가한 모두가 이미 나선 길이니 끝까지 잘해 보자."며 자신의 결심이 틀리지 않았음을 강조했다.

(나) "제발 후배들을 생각해서 선배 노동자들은 파업을 자제하고, 후배들을 위한 일자리가 생기도록 해 달라." 손 총장은 17일간의 파업을 강행하고 있는 현대 자동차 노동조합에 대해 청년 실업 문제 해결이라는 도의적 책임을 지적하며 파업 철회를 호소했다. CEO 출신으로 전국경제인연합회 부회장에서 대학 총장으로 변신해 화제를 모았던 그는, 취임 1년간 사회 현상을 바라보는 시각이 어느새 학생들과 교육에 집중돼 있었다.

지난 14일 서강대 집무실에서 가진 인터뷰에서 그는 "난 우리 학생들을 취업 못 시키면 학생들에게 죄를 짓는 것이라고 생각한다. 그런데 노조의 잦은 파업으로 회사의 경쟁력이 떨어져 자동차가 안 팔리고 결국 일자리가 없어지게 되면 청년 실업 문제는 어떻게 해결할 것이냐"며 우려를 표명했다.

1. (가)와 (나)는 파업에 대해 어떤 관점을 가지고 있는지 이야기해 보자.

(가)	
(나)	

2. 위 (가)와 (나)의 주장은 무엇이고, 그 주장을 뒷받침하는 근거는 무엇인지 말해 보자. 여러분은 두 기사 중에서 어떤 것에 동의하는가?

	주장의 내용	주장의 근거
(가)		
(나)		

다음은 '갈등론'과 '기능론'에 대한 글이다. 읽고 질문에 답해 보자.

(가) 갈등론은 사회 내에 다양한 집단이 존재하며 이 집단들의 이해 관계가 서로 어긋난다는 생각을 가지고 있습니다. 집단들은 돈, 지위, 명예 등을 기준으로 해서 지배 집단과 피지배 집단으로 나뉘게 되는데, 이 구분이 불평등하게 이루어졌기 때문에 집단 간에 갈등이 발생하는 것은 당연하다고 보는 것입니다.

(나) 기능론은 말 그대로 사회의 각 부분이 제 기능을 다하고 있고, 혹은 다해야 한다고 보는 시각입니다. 사회의 각 부분은 따로 따로 움직이는 것이 아니라 어느 곳 하나 빠짐없이 서로 맞물려 돌아간다고 보는 것입니다. 이 관점은 사회를 우리의 몸과 마찬가지로 하나의 유기체로 보고, 각 구성원들의 활동은 결국 사회 전체의 조화와 안정에 기여하고 있으며, 기여해야 한다고 보는 것입니다.

1. 위에서 말하고 있는 '갈등론'과 '기능론'의 개념을 정리해 보자.

갈등론	기능론

2. 여기에서 소개된 '갈등론'과 '기능론'이 앞에서 본 파업에 대한 두 가지 생각과 어떻게 연결될 수 있는지 생각해 보자.

갈등론	
기능론	

말하기

1. 여러분 나라에서 사회적 문제가 되었던 파업 사건을 찾아서 그 내용을 발표해 보자.

사건의 이름	
일시	
파업 이유	
파업 과정	
파업 결과	
언론의 태도	
주변 사람들의 반응	

2. 그 파업 사건에 대한 자신의 생각을 말해 보자. 그렇게 생각하는 근거는 무엇인지도 이야기해 보자.

자신의 생각	생각의 근거

쓰기

위에서 말하였던 내용을 바탕으로 그 파업을 소개하고, 자신의 생각을 '갈등론'이나 '기능론'의 입장에서 써 보자.

1. 위의 말하기에서 사용한 내용 외에 필요한 자료가 있는지 찾아보자. 그리고 찾은 자료에 대해서는 반드시 출처를 메모하도록 하자.

2. 자신의 생각을 주제문으로 만들어 보자.

3. 위에서 한 활동을 바탕으로 개요를 작성하자.

서론	
본론	
결론	

4. 개요를 바탕으로 글을 완성해 보자.

5. 여러분이 쓴 글을 다시 한 번 읽고 평가해 보자. 그리고 부족한 부분이 있으면 고쳐 보자.

구분		평가 내용	잘함	보통	부족
내용	서론	파업에 관한 자신의 생각을 쓰는 글의 도입으로 적당한가?			
	본론	주장을 분명하게 제시하였는가?			
		근거를 구체적이고 타당하게 제시하였는가?			
		주장과 근거의 관계는 긴밀한가?			
	결론	결론에서 요구하는 내용이 잘 제시되었는가?			
형식	글	서론-본론-결론이 분명하게 구분되어 쓰였는가?			
	문단	문단 나누기가 잘 되었는가?			
		문단 간의 연결이 논리적인가?			
	문장	문장 간의 연결이 논리적인가?			
		접속어 등 문장을 연결하는 표현이 잘 쓰였는가?			
표현	문장	문장의 길이는 적당한가?			
		문법적으로 맞는 문장을 썼는가?			
		문장의 호응이 잘 이루어졌는가?			
	어휘 어구	사용된 어휘와 어구 표현이 문맥에 적절한가?			
		다양한 어휘와 어구 표현을 사용하였는가?			
		불필요한 내용의 반복이 없이 잘 썼는가?			

2. 권리의 참된 의미

학습 목표

- 하나의 주제에 대해 논리적으로 생각하는 힘을 기를 수 있다.
- 주제에 대해 옹호하는 입장과 비판하는 입장의 글을 쓸 수 있다.

들 어 가 기

- 다음의 경우에 치킨집 주인이 찜닭집 주인에게, 떨어진 매상만큼 손해 배상을 청구할 권리가 있는지 자신의 생각을 이야기해 보자.

A가 찜닭 가게를 개업했는데 장사가 아주 잘 되었다. 이 가게 건너편에는 오래전부터 B가 치킨 장사를 하고 있었는데, A가 갑자기 찜닭 가게를 개업하는 바람에 손님이 그쪽으로 다 몰려서 매상이 떨어졌다. 치킨 가게 사장인 B가 예전만큼 이익을 얻지 못하게 되자, B는 찜닭 가게 주인 A에 대해 소송을 걸기로 했다. 치킨 가게 주인 B는 찜닭 가게 주인 A에게, 떨어진 매상만큼 손해 배상을 청구할 '권리'가 있을까?

읽기

다음은 의무와 권리에 대한 글이다. 읽고 아래 밑줄 친 부분에 들어갈 말이 무엇인지 답해 보자.

(가) 의무와 권리는 사회 질서의 양면을 이루고 있습니다. 의무는 그것으로 혜택을 보는 사람의 권리를 전제합니다. 권리는 그것을 준수하기 위해 따라야 하는 의무를 수반합니다. 의무를 보유한 사람과 권리를 보유한 사람이 일대일 대응 관계를 이루지 않을 때에도 의무가 있는 곳에는 권리가 있기 마련입니다. 따라서 "무엇이 의무인가"를 깊이 파고드는 것은 결국 "무엇이 권리이고 왜 그것은 권리로서 정당화되는가?"를 헤아리는 일과 동일시됩니다.

예를 들어, "정치가를 객관적인 어조로 비판할 수 있지만 패러디 같은 정치 풍자물로 조롱해서는 안 될 의무가 있다."고 주장하는 사람이 있다고 합시다. 그러면 "왜 그것이 국민의 의무가 되는가?"라는 물음을 던질 수 있을 것입니다. 이때 "누구나 조롱당하지 않고 살아갈 권리가 있기 때문이다."라는 대답이 되돌아옵니다. 여기에 "아니다. (____________________)"의 식으로 반론이 제기되면 논의가 진행될 것입니다. 따라서 무조건적으로 의무를 따르기보다는 소신을 놓지 않은 채 비판적이고 올바르게 상황을 판단하면서 "무엇이 권리인가?"를 생각하는 능력을 갖춰야 할 것입니다.

A(주장) : 정치가를 패러디 같은 정치 풍자물로 조롱해서는 안 될 의무가 있다.

B(문제 제기) : 왜 그것이 국민의 의무가 되는가?

A(대답) : 누구나 조롱당하지 않고 살아갈 권리가 있기 때문이다.

B(반론) : 아니다. (____________________

____

____

____

____

____

____________________)

다음은 "모든 이익이 권리가 되는 것은 아니다."라는 주제의 글이다. 잘 읽고 질문에 답해 보자.

(나) 소크라테스라는 별명을 가진 사람이 있다고 칩시다. 그는 사회가 잘못 돌아가고 있다고 외칩니다. 그나마 다행인 것은 동네방네 돌아다니며 마이크로 떠들어 대지 않는다는 점입니다. 인터넷 방송을 통해 의견을 피력하고 홈페이지에 글을 쓰며 가끔 신문에 칼럼을 싣는 정도입니다. 그런데 그 의견이 국민 대다수의 신념과 크게 어긋나는 것이라서 많은 사람들이 그런 의견이 발표되지 않으면 좋겠다고 생각합니다. 그 소망을 돈으로 표현해 보라고 하자, 소크라테스에게 압력을 가하고 싶은 사람들이 마음을 모아 각자 백 원씩 냈습니다. 그렇게 해서 엄청난 돈이 모이자 국가가 다음과 같이 말합니다.

㉠ "봐라. 이것이 바로 공익이다. 모두를 위해 당신 한 사람만 희생하면 사회적으로 엄청난 이익이 생긴다. 계속 발언하고 싶다면 지금 모인 금액 이상의 돈을 내라, 그렇지 않으면 입을 여는 즉시 처벌하겠다."

결국 우리의 가난한 소크라테스는 입을 다물고 말았습니다. 만일 소크라테스의 입장을 옹호하고 싶다면 어떤 주장을 펼쳐야 할까요?

1. 국가가 소크라테스에게 말한 내용 ㉠의 "봐라, ~ 처벌하겠다."가 정당하다고 생각하는가? 그렇게 생각하는 이유는 무엇인가?

2. 여러분이 이 글에 나오는 소크라테스의 편을 든다면 어떻게 옹호할 것인가? '표현의 자유'라는 말을 바탕으로 하여 이야기해 보자.

소크라테스를 옹호하기 위해서 다음과 같이 말을 한다면, 이것이 소크라테스의 권리를 옹호하는 내용으로 적당한지 이야기해 보자.

(다) "사회 구성원이 누리는 표현의 자유를 억압해서는 안 됩니다. 사상의 자유를 막아서도 안 됩니다. 각자의 생각이 자유롭게 다른 사람들과 논의될 수 있어야 합니다. 이를 바탕으로 사회가 건실하게 운영될 수 있기 때문입니다."

다음은 국가를 옹호하기 위한 글이다. 국가의 입장을 옹호하는 내용으로 적당한지 이야기해 보자.

(라) '도구적 가치'에 주목한다면 소크라테스의 표현의 자유 권리는 성립할 수 없습니다. 이 관점에 따른다면 표현의 자유를 허용하기 위해 소크라테스라는 별명을 가진 사람의 의견이 사회적으로 쓸모가 있는지를 먼저 판단해야 합니다. 그런데 알고 보니 이 사람은 너무나 말도 안 되는 논리를 펼치는 사람이어서 그의 견해가 퍼지면 퍼질수록 사회에 부정적인 영향을 끼칠 것으로 보입니다.

이렇게 '도구적 가치'에 의미를 둔다면 소크라테스의 견해는 진리가 아니며 더 많은 사람들에게 안 좋은 영향을 끼칠 수 있으므로 사전에 차단해야 한다는 결론이 나올 수 있습니다. 결국 이러한 논리는 "다수의 행복이나 이익을 위해 권리가 인정될 수도 있고 인정되지 않을 수 있다."는 논리와 동일해집니다.

1. 위 (라)의 밑줄 친 "다수의 행복이나 이익을 위해 (개인의) 권리가 인정될 수도 있고 인정되지 않을 수 있다."의 의미는 무엇인가?

2. 진정한 '권리'란 무엇이라고 생각하는가? 지금까지 읽은 (가)~(라)의 내용을 바탕으로 '권리'의 의미를 정의해 보자.

다음 글은 '권리'에 대한 글이다. 여러분이 위에서 정의한 '권리'의 의미와 비교하면서 읽어 보자.

(마) 권리는 양이나 질로 측정되는 이익이 아닙니다. 무엇을 할 수 있거나 특정한 대우를 받을 수 있는 평등한 지위입니다. 표현의 자유도 마찬가지입니다. 표현 내용이 괜찮으니까 허용한다거나 표현을 함으로써 느끼는 만족감에 비중을 둔다는 식의 태도가 아니라 다른 사람의 권리를 침해하지 않은 범위 내에서 내용에 상관없이 무엇이든 말할 수 있음을 의미합니다. 그래서 권리를 누린다고 말할 수 있으려면, 평등하게 보장된 지위를 바탕으로 자신의 목적을 설정하고 추구하는 자율성을 가질 수 있어야 합니다.

• 위 (마)를 참고하여 '권리'의 의미를 간략하게 정리해 보자.

쓰기

1. 우리 주변에서 자신의 권리나 이익을 위해 다른 사람의 권리나 이익을 침해하는 예들이 있는지 생각해 보자. 그리고 구체적인 예를 아래에 정리해 보자.

2. 위에서 든 예가 "사람은 누구나 자유롭게 가치를 추구할 수 있으며 평등하게 존중받을 권리를 갖고 있다."는 기준으로 평가할 때 문제가 없는지 생각해 보자. 문제가 있다면/없다면, 어떤 이유에서 그렇게 생각하는가?

문제가 있다/없다고 생각한다	
이유	

3. 위에서 정리한 생각을 바탕으로 글을 쓰려고 한다. 이에 알맞은 주제문과 제목을 만들어 보자.

제목	
주제문	

4. 주제문에 맞게 세부 내용을 보충하여 정리해 보자.

5. '서론-본론-결론'으로 나누어 개요를 작성해 보자.

서론	
본론	
결론	

6. 개요에 따라 글을 완성해 보자.

7. 여러분이 쓴 글을 다시 한 번 읽고 평가해 보자. 그리고 부족한 부분이 있으면 고쳐 보자.

구분		평가 내용	잘함	보통	부족
내용	서론	글의 도입으로 적당한가?			
	본론	주장을 분명하게 제시하였는가?			
		근거를 구체적이고 타당하게 제시하였는가?			
		주장과 근거의 관계는 긴밀한가?			
	결론	결론에서 요구하는 내용이 잘 제시되었는가?			
형식	글	서론-본론-결론이 분명하게 구분되어 쓰였는가?			
	문단	문단 나누기가 잘 되었는가?			
		문단 간의 연결이 논리적인가?			
	문장	문장 간의 연결이 논리적인가?			
		접속어 등 문장을 연결하는 표현이 잘 쓰였는가?			
표현	문장	문장의 길이는 적당한가?			
		문법적으로 맞는 문장을 썼는가?			
		문장의 호응이 잘 이루어졌는가?			
	어휘 어구	사용된 어휘와 어구 표현이 문맥에 적절한가?			
		다양한 어휘와 어구 표현을 사용하였는가?			
		불필요한 내용의 반복이 없이 잘 썼는가?			

3. 보호 무역과 세계화

학습 목표

- 개념을 설명하는 글을 읽고 이해할 수 있다.
- 이론적 근거를 바탕으로 자신의 의견을 주장하는 글을 쓸 수 있다.

들 어 가 기

• 다음을 읽고 (　　)에 들어갈 말을 추측해 보자.

(가) 국가가 저렴하게 생산할 수 있는 물건/재화 혹은 서비스를 집중적으로 생산하여 다른 국가에서 저렴하게 생산한 것과 교환하면 모두에게 유리하다는 것이 바로 자유 무역의 입장이다. 그러나 기업과 같은 이해 집단은 끊임없이 관세나 수입 제한과 같은 (A) 수단을 만들어 줄 것을 요구하고 있다. 특히 불황 등으로 한 나라의 경제가 어려워지면 이에 대한 요구가 한층 높아진다.

(나) (B)는 정보 통신 기술과 교통의 발달로 인해 상품과 자본이 국경을 넘어서 활발하게 이동하여 세계 경제가 점점 더 통합되는 현상을 말한다. 물론 여기에는 상품과 자본 외에 노동력과 기술이 국경을 넘어서 이동하는 것도 포함된다.

읽기

다음은 '보호 무역'에 대한 글이다. 읽고 질문에 답해 보자.

(가) 경제 불황 등으로 한 나라의 경제가 어려워지면 보호 무역에 대한 요구가 한층 높아진다. 보호 무역의 수단으로 대표적인 것이 바로 수입 상품에 세금을 매기는 관세이다. 관세를 부가하면 수입하는 상품의 가격이 높아져 결국에는 상품의 수입량이 줄어들게 되기 때문이다.

(나) 관세를 부가하여 수입을 제한하는 것 외에 수입하는 상품의 수량을 직접 제한할 수도 있다. 이러한 수입량 제한은 관세보다 더 강력한 보호 무역 수단이다. 예를 들면 수입되는 쌀의 가격이 관세를 포함하고도 국내에서 생산되는 쌀 가격보다 더 낮다면 수입을 계속할 수 있겠지만 수입할 수 있는 쌀의 양을 일정하게 정해 놓으면 그 이상의 수입은 불가능하다.

(다) 보호 무역의 수단은 관세나 수입량 제한 외에도 다양하게 있다. 수입하는 상품의 품질이나 기술 조건을 어렵게 하여 수입을 제한하기도 한다. 기술이 앞선 나라가 수입되는 상품의 성능을 자기 나라 기술 수준에 맞출 것을 요구하면 수입이 줄어들 수 있다. 예를 들어 외국에서 수입하는 자동차의 배기가스 배출 기준을 강화하면 이 조건을 충족하지 못하는 외국의 자동차들은 수입되기 어렵다.

(라) 또 상품이 세관을 통과할 때 검사 수입 절차를 까다롭게 하면 상품이 수입되기 어렵다. 외국에서 수입되는 농산물의 검사 기간을 길게 하면 수입 농산물의 품질이 떨어질 수 있고 검사 장소를 항구에서 멀리 떨어진 곳에 정하면 수입 상품의 운송비가 높아진다.

(마) 관세나 수입량 제한과 같은 수단들은 눈에 잘 띄기 때문에 국제 사회에 지적을 받고 협상을 통해 없앨 수 있다. 그러나 다른 수입 제안 방법들은 매우 다양하고 복잡하기 때문에 없애기가 쉽지 않다.

1. 보호 무역의 근본적인 목적은 무엇인지 생각해 보자.

2. 보호 무역의 수단에는 어떤 것들이 있는지 이야기해 보자.

다음은 '세계화'에 대한 글이다. 읽고 질문에 답해 보자.

(가) 세계화는 경쟁력이 있는 사람에게는 엄청난 기회를 제공한다. 예를 들어 우리나라 월드컵 선수들이 높은 연봉을 주는 외국의 프로 축구 시장에 진출하게 된 것이나 미국의 메이저리그에서 활약하던 야구 선수들이 우리나라에서 활동하게 된 것은 모두 세계화의 한 예라 할 수 있다. 소비자들 역시 품질과 가격 그리고 다양성 면에서 더 좋은 상품을 이용할 수 있게 되었으며, 경쟁력 있는 기업들은 세계 시장에서 엄청난 수요자들을 상대로 사업을 할 수 있게 되었다.

(나) 그러나 세계화가 이렇게 밝은 면만 있는 것은 아니다. (______________________________

____

____

______________________________)

(다) 이와 같이 세계화는 빈부의 양극화, 자본 시장의 불안정이라는 위험을 항상 가지고 있다. 그러나 이런 위험은 세계화를 통해 경제 발전을 이루기 위해 감수해야 할 부분이라고 생각할 수 있다. 세계화를 우려하는 단체들은 지금도 전 세계 곳곳에서 반대 집회를 갖고 있다. 그러나 이미 세계화의 큰 흐름은 거스를 수 없게 되었고 따라서 세계화를 통한 긍정적인 효과를 최대로 활용할 수 있는 길을 찾는 것이 필요하다. 다만 이러한 과정에서 불이익을 받는 소외 계층을 배려하는 노력도 소홀히 해서는 안 된다.

1. 위 글처럼 세계화는 긍정적인 면 외에도 부정적인 측면이 있다. (나)의 밑줄 친 부분에 알맞은 말을 (다)를 참고하여 써 보자.

2. 완성된 내용을 참고하여 '세계화'의 의미를 정리해 보자.

세계화란 ____________________

쓰기

다음을 읽고 이 글에 나오는 경제 이론을 간략히 정리해 보자.

케인즈주의 정책(Keynesianism)은 국가가 통화 정책*과 재정 정책**을 통해 경제에 적극적으로 개입함으로써 공황을 막고자 하였다. 케인즈는 국가가 시중의 통화량을 조정해야 한다고 생각했고 완전 고용을 달성하는 것을 목표로 했다.

이에 반해 신자유주의(Neoliberalism)는 시장의 자율에 맡기고 국가는 최소한으로 개입해야 한다고 주장한다. 신자유주의는 정리 해고, 파견 노동, 임시직과 성과급 제도의 확대 등 노동 시장을 유연화하고 복지 제도를 축소하라고 주장한다. 기업의 경쟁력이 약화되면 필요한 만큼 해고도 할 수 있어야 하는데, 정부가 이를 규제하다 보면 기업도 결국 망한다는 것이다.

*통화 정책(Moneytary Policy) : 중앙은행이 물가 안정과 경기 조절을 위해 시중의 통화량을 조절하는 정책
**재정 정책(Fiscal Policy) : 정부가 경기 안정 또는 부양을 위해 세입과 세출의 크기를 조절하는 정책

1. '케인즈주의', '신자유주의' 중 하나를 선택하여 이 이론이 발생한 배경과 이유에 대해 좀 더 구체적으로 조사해 보자.

2. 자신의 나라는 나라의 경제를 위해 어떤 정책을 펼치고 있는지 조사해 보자.

3. 자기 나라의 경제 정책이 '케인즈주의', '신자유주의' 중에서 어떤 이론에 가까운지 알아보자. 그렇게 생각하는 이유는 무엇인지 구체적인 예를 들어 이야기해 보자.

4. 여러분은 이 이론들 중에서 어떤 이론이 여러분 나라의 경제에 도움이 된다고 생각하는가? 그 이유는 무엇인가?

5. 위에서 정리한 내용을 바탕으로 글을 쓰려고 한다. 글의 주제를 선정하고 알맞은 주제문과 제목을 만들어 보자.

제목	
주제문	

6. '서론-본론-결론'으로 나누어 개요를 작성해 보자.

서론	
본론	
결론	

7. 개요에 따라 글을 완성해 보자.

8. 여러분이 쓴 글을 다시 한 번 읽고 평가해 보자. 그리고 부족한 부분이 있으면 고쳐 보자.

구분		평가 내용	잘함	보통	부족
내용	서론	글의 도입으로 적당한가?			
	본론	주장을 분명하게 제시하였는가?			
		근거를 구체적이고 타당하게 제시하였는가?			
		주장과 근거의 관계는 긴밀한가?			
	결론	결론에서 요구하는 내용이 잘 제시되었는가?			
형식	글	서론-본론-결론이 분명하게 구분되어 쓰였는가?			
	문단	문단 나누기가 잘 되었는가?			
		문단 간의 연결이 논리적인가?			
	문장	문장 간의 연결이 논리적인가?			
		접속어 등 문장을 연결하는 표현이 잘 쓰였는가?			
표현	문장	문장의 길이는 적당한가?			
		문법적으로 맞는 문장을 썼는가?			
		문장의 호응이 잘 이루어졌는가?			
	어휘 어구	사용된 어휘와 어구 표현이 문맥에 적절한가?			
		다양한 어휘와 어구 표현을 사용하였는가?			
		불필요한 내용의 반복이 없이 잘 썼는가?			

발표문 쓰기

발표문이란 무엇인가?

발표문은 말 그대로 어떤 내용을 발표하기 위해 만든 글을 가리킨다. 설명문, 논설문과 같이 '-문'으로 끝나는 다른 글들이 글의 장르와 관계있는 반면, 발표문은 '발표를 목적으로 하는 글'이기 때문에 주제나 내용은 무엇이 되어도 상관없다. 발표문을 통해 무엇인가를 설명할 수도 있고, 특정 주제에 대한 자기 생각을 말할 수도 있는 것이다.

그런데 언제부터인가 발표문이라는 말은 '파워포인트 문서' 또는 '프레젠테이션 문서' 등의 이름으로 불리고 있다. '파워포인트'(Power Point)는 마이크로소프트(Microsoft)사에서 만든 발표문 작성 프로그램으로 잘 알려져 있다. 파워포인트는 이미 전 세계적으로 사용되고 있기 때문에 '발표문'이라는 말보다는 '파워포인트 문서', 또는 이 프로그램의 확장자인 'ppt'(Power Point Text)에서 이름을 딴 'ppt 문서'라는 말이 더 널리 쓰이고 있다. 이에 따라 이 글에서도 'ppt 문서', '프레젠테이션 문서'라는 말을 사용하도록 한다.

여기서 이 글의 도입에서 여러분에게 던진 질문으로 돌아가 보자. 발표문이 다른 종류의 글과 어떤 점이 다를까. 아마도 대다수는 '발표문은 말하기를 위한 글', '말하기가 전제가 되는 글'이라고 대답할 것이다. 이것은 발표문이 갖는 중요한 속성을 의미하고 있다. 말하기에는 청중이 있다. 청중이 있는 글쓰기라는 점에서 발표문은 다른 글보다 '예상 독자'가 분명하다. 누구를 대상으로 해서 무슨 내용을 말해야 하는지가 분명하기 때문에 어떤 면에서 발표문은 '비교적 쓰기 쉬운 글'이기도 하다.

이러한 설명을 읽은 독자들은 이제 두 가지 질문을 할 것 같다. '대학생이 배워야 할 발표문은 무엇이 있는가?' 그리고 '어떤 발표문이 좋은 발표문인가?' 하는 문제이다. 이 두 문제를 다음에서 살펴보도록 하자.

학습 목표
- 발표문이 가지는 특성을 이해하고 이를 실제 적용할 수 있다.

발표문의 종류 : 정보 전달형 발표문과 설득형 발표문

대학 생활 중에서 가장 흔한 경험을 꼽는다면 발표 수업이 가장 높은 순위를 차지할 것이다. 발표 수업은 미리 정해진 주제에 대한 조사·연구 시간을 갖고, 정해진 일정에 맞춰 발표하는 수업 형태를 말한다. 발표 수업은 교수자의 입장에서 볼 때 자신이 혼자서 수업을 운용해야 한다는 부담을 덜 수 있고, 학습자들의 입장에서는 스스로 공부할 수 있는 기회가 될 수 있기 때문에 많은 대학 수업에서 선호되고 있다. 이런 종류의 발표는 보통 '정보 전달형 발표'일 경우가 많다. 수업에서 배우는 내용의 일부를 다른 학생들에게 설명해 주어야 하기 때문에, 자신의 생각이나 의견을 말하기보다는 자기에게 주어진 내용을 충분히 이해하고 발표하는 일이 더 중요하다. 이러한 발표의 특징을 꼽는다면 다음을 들 수 있다.

정보 전달형 발표(수업 발표)의 특징

ㄱ. 주제와 범위가 분명하다.

ㄴ. 도입보다는 목차와 본문의 내용이 중요하다.

ㄷ. 시간에 맞추기 위해서 때로는 내용을 선별하거나 보충할 필요가 있다.

정보 전달형 발표는 교수자로부터 과제를 부여 받아 이뤄지기 때문에, ㄱ에서 보는 것처럼 주제와 범위가 분명하다. 그런데 바로 그 점 때문에 ㄴ의 특징, 즉 '도입'보다는 목차와 본문 내용이 중시된다. 자신이 발표할 내용에 청중들의 집중을 모으기 위해서는 도입부가 반드시 필요하지만, 정보 전달형 발표는 보통 청중들이 원하는 내용들을 발표할 때가 많으므로 굳이 도입 부분에 신경 쓰지 않아도 된다. 그리고 수업 발표에서는 세 번째 ㄷ의 특징이 중요하다. 보통 수업 시간에 2~5개의 발표가 준비되고, 발표자마다 10분에서 20분 정도의 시간을 사용할 수 있게 된다. 따라서 자신이 발표 시간을 지키지 못하면 다른 사람들이 발표할 시간이 줄게 된다. 그렇기 때문에 자신의 발표 내용이 너무 많으면 적당히 중요한 것들을 선별해야 하며, 너무 적으면 좀 더 보충할 필요가 있다.

정보 전달형 발표가 수업 내용과 관계 있다면, '설득형 발표'는 자신의 의견이나 생각을 적극적으로 표현하는 것과 관련이 깊다. 특히 최근에는 대학뿐만 아니라 여러 기업체 등에서도 설득형 발표가 매우 중시되고 있는 추세이다. 어떤 이들은 '설득'이라는 말을 들으면, 자기주장을 담고 있는 논설문과 비슷한 것으로 생각하기 쉽지만, 사실 '설득'이 우리 생활 속에 차지하는 비중은 훨씬 높다. 사람의 마음을 움직이게 하는 것이 설득이라고 한다면, 상품 광고도 설득의 한 예이며, 우리의 일상 대화도 대부분이 설득이라고 할 수 있다.

프레젠테이션 문서는 그 안에 여러 가지 동영상, 사진, 그림, 도표 등을 넣을 수 있기 때문에, 단순히 말로만 전달할 때보다 설득의 힘이 강해진다. 바로 이 점 때문에 프레젠테이션 문서의 중요성도 점차 높아지고 있다. 그러면 설득형 발표에는 어떤 특징이 있을까? 이를 간단히 소개하면 다음과 같다.

설득형 발표의 특징

ㄱ. 주제와 범위는 발표자 자신이 직접 결정한다.

ㄴ. 본문만큼 발표의 도입이 매우 중요하다.

ㄷ. 시간에 맞추기 위하여 전체 내용을 조정할 수도 있다.

위에 보인 ㄱ의 특징은 누구나 쉽게 이해할 수 있는 설득형 발표의 특징이다. 두 번째 ㄴ의 특징 즉 도입이 중요하다는 것은 발표의 도입에서 청중들의 주의를 얼마나 많이 끌어내는지와 관련이 깊다. 설득을 하기 위해서는 먼저 청중들이 발표에 관심을 가지게 해야 하므로 도입부의 중요성은 두 말할 필요가 없다. 그렇다면 ㄷ은 어떨까? 설득형 발표도 앞에서 본 정보 전달형 발표처럼 본문의 내용만 잘 정리하면 되지 않을까 하고 생각하는 사람이 많을지 모른다. 그러나 설득형 발표는 '도입'이 매우 중요하기 때문에, 도입에 들어가는 시간만큼 본문의 내용을 조정해 줄 필요가 있다. 쉽게 말해 도입부의 시간을 줄이고 본문의 내용을 길게 할 것인지, 아니면 도입부의 시간을 늘리고 본문의 내용을 줄일 것인지는 모두 발표자가 신중하게 생각해야 할 문제이다. 그런 면에서 설득형 발표는 정보 전달형 발표보다는 더 개인적이고, 그래서 더 창의적이라고 할 수 있다.

발표문의 조건 : 내용 면

상상력을 발휘해서 우리가 중요한 프레젠테이션을 하는 자리에 초대 받았다고 생각해 보자. 첫 번째 발표자는 그냥 발표문을 처음부터 끝까지 계속 읽기만 했다. 그리고 두 번째 발표자는 그림이나 동영상, 도표 등으로 장식된 발표문을 보여 주었지만 자기가 해야 할 말을 자주 잊어버려서 당황했다. 여러분은 이 두 발표가 좋다고 생각하는가? 좋지 않다면 왜 그런 문제가 생겼다고 생각하는가?

이 두 발표에서 가장 문제가 되는 것은 바로 발표문의 내용과 관계있다. 먼저 첫 번째 발표자는 PPT 내용과 발표 내용에 차이가 없었기 때문에 문제가 되었다. 이 경우 청중들은 먼저 눈으로 화면을 보고 대강의 내용을 이해했기 때문에 발표자의 말을 듣지 않게 되고 곧 흥미를 잃어버릴 가능성이 높다. 그 반면 두 번째 발표자는 여러 가지 시각 효과를 넣어서 청중들의 관심을 모으기는 했지만, 말할 내용을 너무 넣지 않아서 자기가 무슨 말을 해야 하는지 잃어버려 당황했고, 청중들은 그런 발표자를 보면서 답답하다고 느꼈을지 모른다.

여러분도 이런 상황이 쉽게 상상될 것이다. 어쩌면 단순한 실수처럼 보일지 모르지만, 프레젠테이션 문서를 만드는 경우 가장 흔한 실수들이 모두 이런 것들이다. 다른 사람의 프레젠테이션이나 발표를 보면서 문제가 있음을 쉽게 알 수 있는 사람도, 정작 자신이 직접 프레젠테이션 문서를 만들 때에는 이런 부분을 잘 생각하지 못할 때가 많다. 그러면 어떻게 발표문을 써야 할까? 일반적으로 다음의 방법이 도움이 될 것이다.

▪ 자신이 발표문을 보면서 쉽게 말을 할 수 있을 만큼만 쓴다.

프레젠테이션 문서에 '글쓰기의 기초'를 쓴다고 생각해 보자. 글쓰기에서 중요하게 생각해야 하는 것으로 세 가지가 있는데 그 세 가지는 '화제', '목적', 그리고 '예상 독자'이다. 이것을 프레젠테이션 문서로 만들려고 할 때 다음 두 개의 프레젠테이션 중 어떤 것이 더 좋을까?

글쓰기 전에 고려해야 할 것

- 글쓰기를 하기 전에 다음의 세 가지를 생각해야 한다.
  - 첫째, 화제
  - 둘째, 목적
  - 셋째, 예상 독자

그림1

글쓰기의 시작

- 글쓰기 전에 고려해야 할 세 가지
  - 화제
  - 목적
  - 예상 독자

그림2

위와 같은 프레젠테이션 문서가 있을 때, 좀 더 보기 좋은 발표문은 오른쪽에 있는 〈그림2〉이다. 왼쪽은 발표자가 해야 할 말을 모두 쓴 반면, 오른쪽은 꼭 필요하다고 생각하는 것만을 남겨 두었다. 이렇게 함으로써, 청중들은 글쓰기에서 고려해야 할 세 가지가 무엇인지 눈으로 보면서 간결하고 이해하기 쉽다는 느낌을 받을 수 있다. 이런 면에서 발표문은 자신이 발표할 내용에 대한 '요약'이라고 말할 수 있다. 그러나 보통의 요약하기나 요약문과 다른 점은 말하기로 쉽게 바꿀 수 있는 요약이라는 것이다.

▪ 위계(位階, hierarchy)를 갖추어 쓰고, 3단계 이상은 쓰지 않는다.

위계라는 것은 설명할 대상과 그 내용의 관계를 상하 관계로 만드는 것을 의미한다. 위에서 본 〈그림2〉처럼, 설명 대상이 되는 '글쓰기 전에 고려해야 할 것'은 큰 글씨로 왼쪽에 배치하고, 그 내용이 되는 '화제, 목적, 예상 독자' 등은 설명 대상보다 작은 글씨로 좀 더 오른쪽에 배치하는 것이 위계를 세워서 쓰는 방식이라고 할 수 있다.

위계를 세워서 쓰면 확실히 요약하는 효과가 생기기 때문에 청중들에게는 내용을 간결하게 보여 주는 장점이 있다. 그러나 위계의 단계를 너무 많이 넣으면 청중들이 볼 때에나 발표자가 말할 때에 조금 불편할 수도 있다. 이를 다음의 예를 통해 보자.

다음에 보이는 두 개의 프레젠테이션 문서는 모두 동일한 설명에 대해서 다른 위계로 발표문을 작성한 것이다. 왼쪽은 그림에서처럼 ④ 수준까지 위계가 구분되어 있지만, 오른쪽은 ③ 수준까지만 위계를 구분하였다.

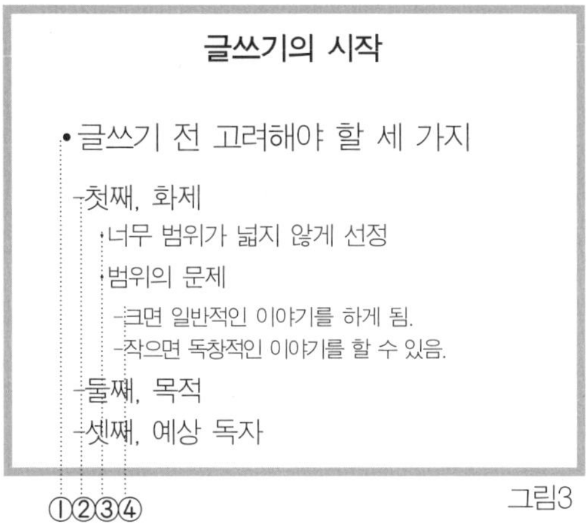

그림3

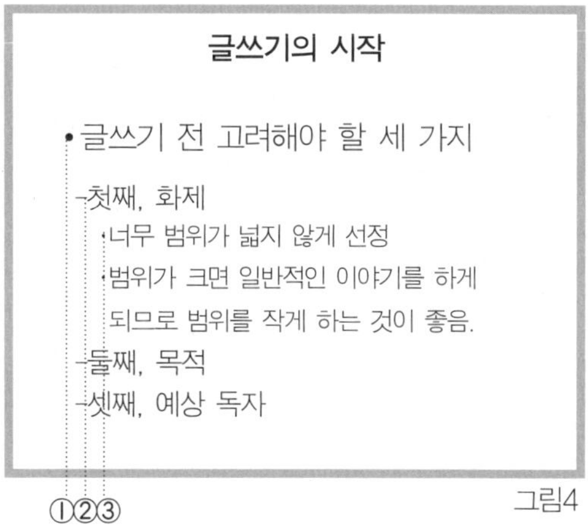

그림4

어떤 사람들은 〈그림3〉이 좀 더 간결해서 보기 좋다고 할지 모르지만, 실제로 이렇게 문서를 작성하면 두 가지의 문제점을 갖게 된다. 첫째, 네 번째 수준의 글씨가 너무 작아서 어떤 청중들은 글씨를 잘 볼 수 없어 불편해진다. 게다가 프레젠테이션의 제목의 글씨 크기와 ④ 수준의 글씨 크기가 너무 크게 차이가 나기 때문에 보기에도 좋지 않다. 둘째, 위계를 많이 주면 ① 수준에 있는 '글쓰기 전 고려해야 할 세 가지'라는 말에 대해서 너무 복잡하게 분석했다는 인상을 준다. 차라리 〈그림4〉처럼 처리하는 것이 더 간결해 보인다.

발표문의 조건 : 형식 면

발표문의 내용만큼이나 형식도 중요하다. 형식이란 곧 '모양'을 의미한다. 모양이 없는 프레젠테이션은 청중들의 관심을 끌기가 어렵다. 그리고 너무 모양을 갖추지 않으면 이해하기도 어려운 발표문이 될 수 있다. 따라서 적당한 디자인으로 모양을 만들어 주는 것이 무척 중요하다. 이 점에 있어서 주의할 것이 있다.

▪ **그림보다는 글자가 잘 보이는 배경 화면을 선택한다.**

가장 첫 번째로 고려할 것은 배경 화면이다. 프레젠테이션 문서의 배경 화면은 복잡하지 않아야 하고 선이나 색이 선명한 것보다는 조금 희미하거나 불투명한 것이 좋다. 그래야만 글자나 도표가 눈에 잘 띄기 때문이다.

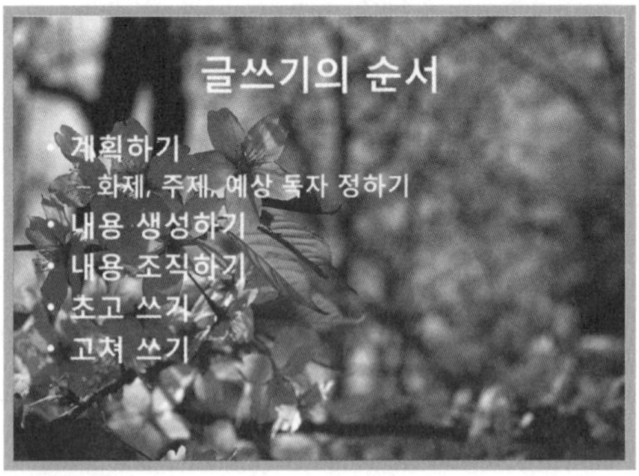

그림5

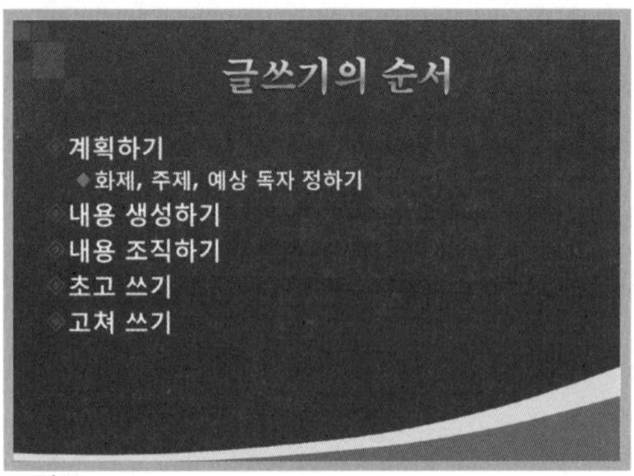

그림6

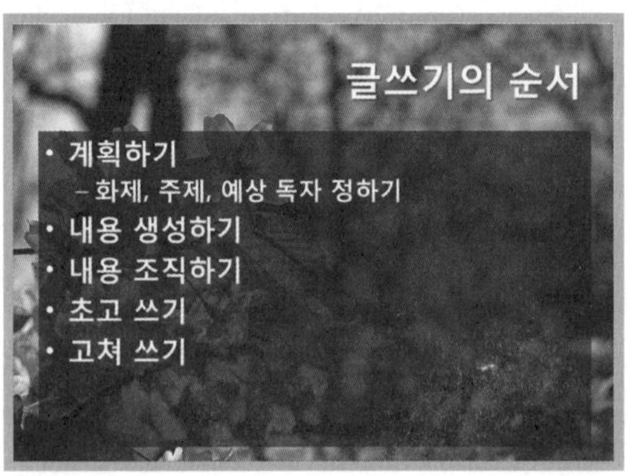

그림7

포토숍(photoshop) 등의 그래픽 프로그램을 사용할 줄 안다면 청중의 성격이나 주제 등에 맞는 디자인을 해 보는 것도 좋다. 그러나 어떤 디자인을 선택하든 발표문보다 더 눈에 띄고 더 선명한 배경 화면은 혼란스러운 느낌을 주므로 피하는 것이 좋다. 다음의 〈그림5〉는 배경이 너무 선명하여 글씨가 잘 보이지 않는 경우인데, 〈그림6〉과 같이 배경을 단순하게 만들면 발표문이 더 잘 보여 그만큼 발표 내용에 청중들이 더 집중할 수 있게 된다.

그러나 꼭 배경에 인물이나 풍경 같은 세부적인 사진을 넣고 싶다면 다음과 같은 방법도 쓸 만하다. 텍스트가 있는 슬라이드에 불투명한 배경을 넣는 방식이다. 아래의 〈그림7〉이 이러한 방식으로 만든 슬라이드 발표문이다. 이렇게만 해도 글자가 좀 더 잘 보이기 때문에 〈그림5〉보다는 읽기 편한 발표문이 된다. 그러나 이런 방식도 〈그림6〉보다는 잘 보이지 않을 수 있기 때문에 주의가 필요하다.

▪ 다양한 애니메이션 효과를 사용하지 말고 1~2종류만을 적용한다.

잘 만든 프레젠테이션 문서인데도 아쉬움을 주는 경우가 많다. 그리고 그 이유는 보통 '애니메이션 효과'와 관련될 때가 많다. 파워포인트는 다양한 애니메이션 효과를 지원하기로 유명한데 문제는 그 종류가 매우 많다는 데 있다.

발표문을 고쳐 쓰는 단계에서 많은 학생들이 슬라이드에 애니메이션 효과를 넣으려고 애쓴다. 애니메이션 효과를 많이, 다양하게 넣음으로써 자신의 발표가 좀 더 흥미롭게 될 것이라고 기대한다. 그러나 많은 효과를 넣으면 청중들이 발표 내용에 집중하지 못하고 특수 효과에만 관심을 기울이게 되어 문제가 될 수 있다. 따라서 슬라이드에 주는 효과의 종류도 많지 않은 것이 좋다. 대체로 효과의 종류를 한두 개로 제한하는 것이 좋다. 여러 가지 효과들을 사용하는 것 역시 청중의 집중력을 떨어뜨리기 때문이다. 그리고 꼭 필요한 경우가 아니라면 효과를 줄 때마다 효과음을 넣는 것도 신중해질 필요가 있다. 발표하는 목소리보다도 큰 효과음 때문에 우스운 발표가 되는 경우도 종종 있기 때문이다.

▪ 제목과 본문의 색깔과 모양을 통일한다.

발표문에 사용되는 디자인은 가능하면 통일성이 있도록 꾸미는 것이 좋다. 배경 화면만큼 중요한 것은 각종 글씨체(font)의 모양이다. 발표문의 제목이나 주요 내용, 그리고 예문 등을 각각 특별한 크기나 색상, 글씨체 등으로 구별하여 나타내 주면 청중들은 단순히 몇 페이지만을 보고도 발표문의 전체 구조를 더 쉽게 이해할 수 있게 된다. 이를 아래의 그림을 통해 살펴보자.

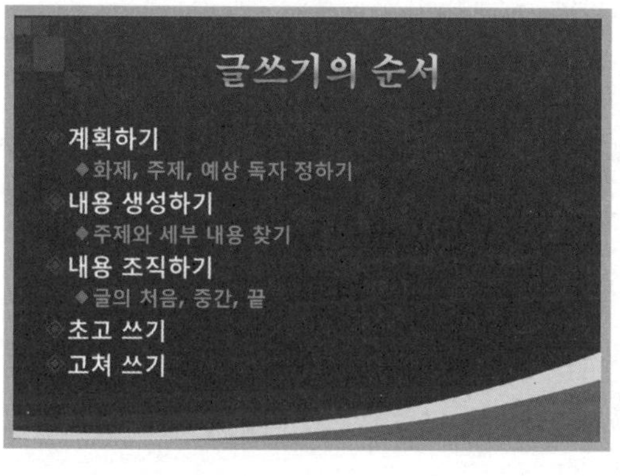

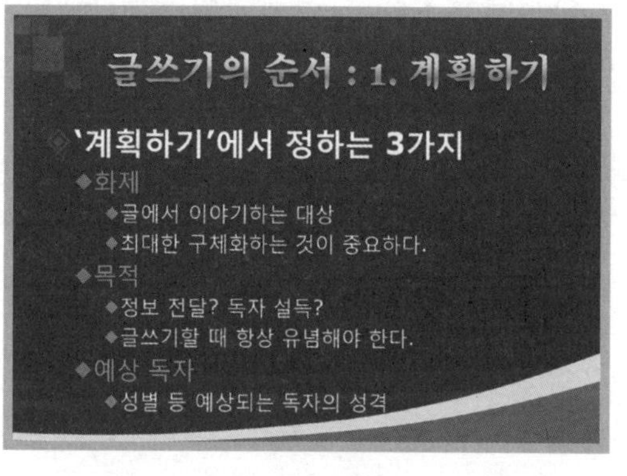

위의 프레젠테이션 문서는 슬라이드 제목을 검정 바탕에 흰색 고딕체로 표현했으며, 1수준은 그보다 작은 글씨의 고딕체로, 2수준은 진한 글씨의 고딕체로 처리했고, 3수준은 연한 글씨로 더 작게 표현하였다. 이런 원칙이 적용된 슬라이드는 전체적으로 깔끔하게 보인다. 그러나 다음과 같이 하게 되면 이런 깔끔한 느낌이 확실히 떨어진다.

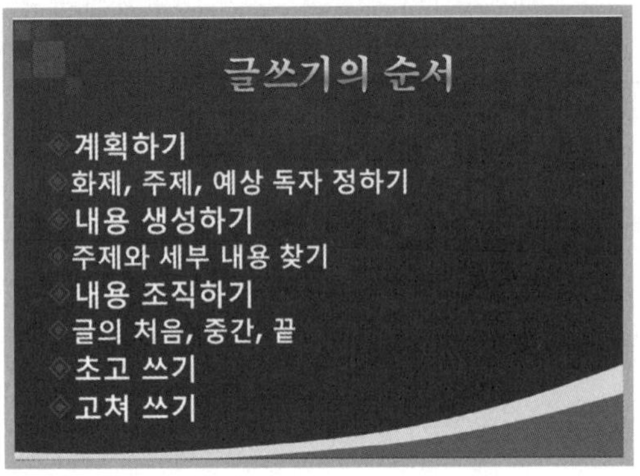

그림8

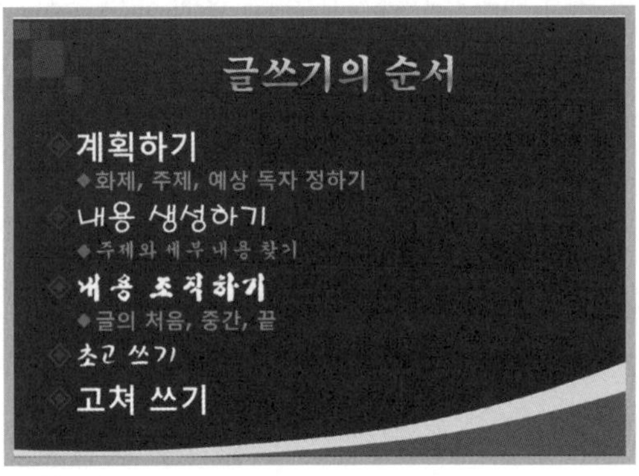

그림9

위에서 본 것과 달리 〈그림8〉은 모든 내용에 위계가 없을 뿐만 아니라, 모든 내용이 큰 글씨로 나타나 있어서 보기 좋지 않다. 또한 〈그림9〉는 내용의 구분이 있기는 하지만, 각 제목이 되는 1수준의 글자체가 모두 달라서 '계획하기', '내용 생성하기', '내용 조직하기' 등이 서로 하나의 계열이라는 느낌을 주지 않는다. 이 모두가 바람직하지 않은 방식의 프리젠테이션 문서이다.

▪ 슬라이드에 포함되는 글자 수를 조정하여 발표 시간을 조정한다.

모든 프레젠테이션은 발표 시간에 특별히 신경을 써야 한다. 전통적으로 '글'을 쓸 때 그 길이는 크게 언급된 적이 없었다. 적당한 분량이란 주제를 효과적으로 드러낼 수 있는가에 따라 결정된다고 생각돼 왔기 때문이다.

그런데 최근의 컴퓨터와 프로젝터 및 파워포인트를 이용한 발표에서는 점차 '시간'이 중요한 기준이 돼 가고 있다. 마케팅에서 사용할 프레젠테이션은 물론, 대학 수업 내 발표에 이르기까지 청중들이 무작정 앉아서 언제 끝날지도 모르는 발표를 듣는 일은 거의 없다. 그래서 발표 시간에 대한 제한이 정해져 있지 않아도, 발표자는 자신의 발표 또는 프레젠테이션이 몇 분 정도가 걸릴지 예상하고 있어야 한다. 아무리 좋은 이야기이고 청중들에게 필요한 내용이라고 해도 분량이 너무 많으면 청중들의 집중력을 떨어뜨리기 때문이다.

하지만 오랫동안 연습하거나 발표를 해 본 사람이 아니면, 자신의 발표문이 어느 정도의 시간이 걸릴지 예상하기가 쉽지 않다. 발표문 한 장의 슬라이드에 얼마나 많은 글씨를 넣는가, 얼마나 많은 시각적 효과를 담는가에 따라서 조금 다르지만, 보통 수업 시간에 주로 하는 '정보 전달형 발표문'은 다음과 같이 만들면 10장의 슬라이드로 약 15분 내외의 발표를 할 수 있다.

- 슬라이드 제목은 35~45pt 정도
- 큰 제목은 28~35pt 정도
- 중간 제목은 24~28pt 정도가 무난하다.
- 단락의 위계는 3 수준 정도까지가 좋다.
- 행(line)은 총 8~12개 정도가 적당하다.

※ '맑은 고딕' 폰트 기준

위와 같은 기준으로 프레젠테이션 문서를 작성하면 대략 다음의 〈그림10〉과 〈그림11〉 같은 모양이 된다.

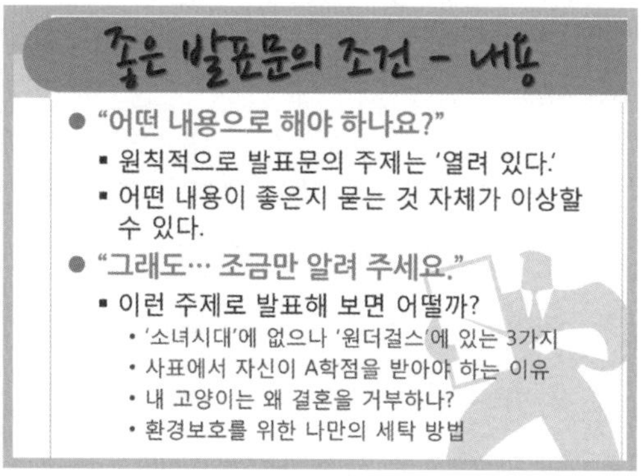

그림10

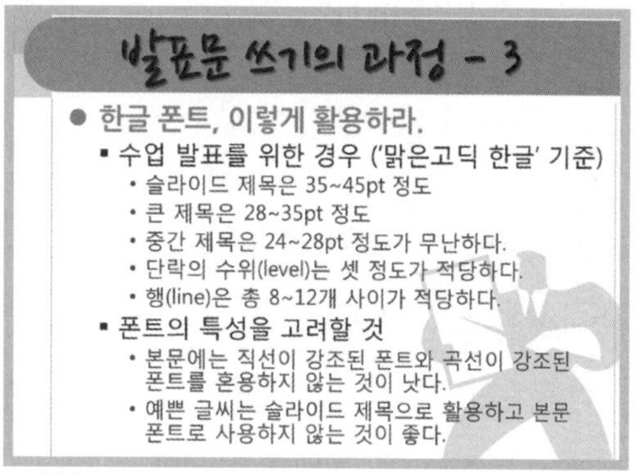

그림11

▪ 각 슬라이드마다 중요한 몇 가지는 숨겼다가 보여 준다.

발표 시간과 관련하여 유의해야 할 것이 또 하나 있다. 바로 슬라이드를 바꾸는 시간적 간격이다. 어떤 발표를 보면, 어떤 슬라이드 화면에서는 아주 짧게, 어떤 슬라이드 화면은 무척 길게 머무르는 경우가 있다. 결론적으로 발표를 '드라마'와 같이 하는 경우가 아니고, 아주 흥미진진한 주제로 설득하려는 발표가 아니면 각 슬라이드를 넘기는 시간은 비슷한 것이 좋다.

또한 청중들은 자기의 지식을 바탕으로 발표를 듣고 이해하기 때문에 슬라이드 화면에 보이는 문자 정보를 가지고 이미 자기 스스로 내용을 이해할 때가 많다. 이미 슬라이드 화면을 보고 무슨 이야기를 할지 예상하기 때문에, 한 장의 슬라이드를 가지고 너무 많은 이야기를 쏟아내지 않는 것이 좋다.

이런 이유로 슬라이드마다 조금씩 질문과 답 형식으로 궁금한 것들을 남겨 놓는 것도 괜찮은 방법이 된다. 청중들이 발표문을 봐도 무슨 내용이 있는지 궁금해 하게 만드는 것이다. 예를 들면 다음과 같다.

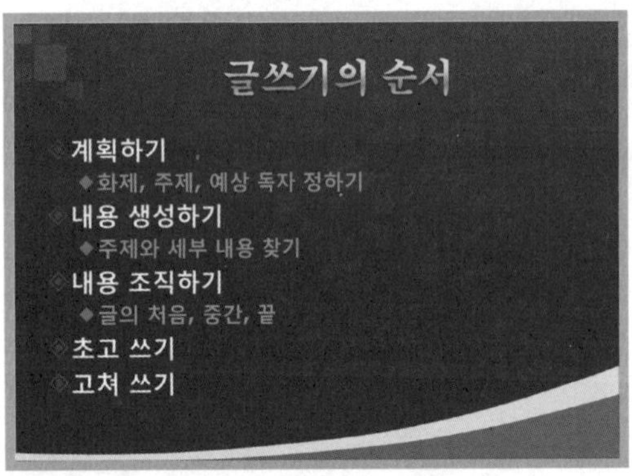

그림12

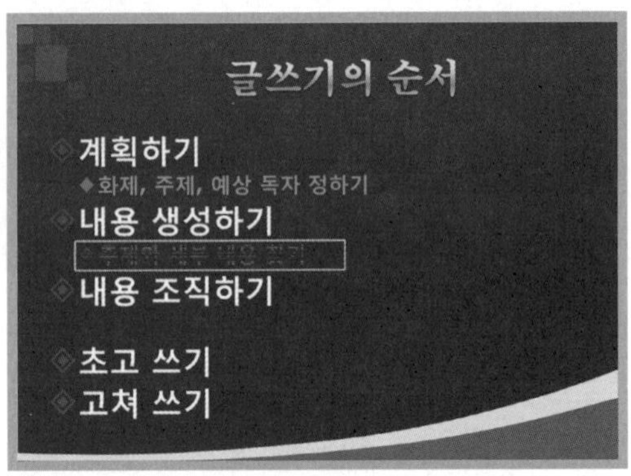

그림13

위 〈그림 12〉는 모든 내용이 다 들어가 있는 슬라이드이고, 〈그림 13〉은 세부 내용을 감추고 있는 슬라이드이다. 전체적으로 글쓰기의 순서를 나타내고 있지만, 〈그림 12〉는 이미 모든 내용이 다 나와 있기 때문에 청중들은 읽고 나서 금방 흥미를 잃을 수 있다. 반면에 〈그림 13〉은 1수준의 내용만 보여주고, 그 하위 2수준의 내용은 마우스로 클릭했을 때 나타나도록 효과를 설정한 것이다. 이때 청중들은 '내용 생성하기'나 '내용 조직하기' 등에 관련된 설명이 무엇인지 궁금하기 때문에 발표하는 사람의 말을 좀 더 주의 깊게 들을 수 있다. 이러한 방식은 청중들이 관심을 모으기 위한 가장 손쉬운 수단 중 하나이므로, 발표문의 작성 시 주의 깊게 고려할 필요가 있다.

쓰기

앞에서 본 것처럼 발표문 쓰기, 프레젠테이션 문서 쓰기는 단순히 발표문만 쓰는 것으로 완성되는 것이 아니기 때문에 다른 글과 비교했을 때에도 특별한 점이 많다고 할 수 있다. 그러나 발표문도 글이기 때문에 일반적인 글쓰기의 순서를 갖는다. 다음 순서에 따라서 프레젠테이션 문서를 작성해 보도록 하자.

▪ 1단계 : 계획하기

- 발표할 대상을 결정한다.
- 발표하는 장소, 청중의 성격 등에 따라 프레젠테이션 서식이나 디자인을 선정한다.

▪ 2단계 : 내용 생성하기

- 발표할 대상과 관련된 여러 자료를 찾고 그를 통해 주제를 선정한다.
- 발표문의 처음, 즉 도입부에 들어갈 적당한 내용을 선정한다.
- 주제와 직접적으로 관련되는 자료를 찾는다.

▪ 3단계 : 내용 조직하기

- 찾은 내용과 정리한 내용들을 '처음-중간-끝'의 각 부분에 맞게 배열하고 개요를 작성한다.

> - 처음 : 발표하려는 대상 소개
> - 중간 : 대상에 대한 설명 또는 설득 등, 발표의 목적과 관련되는 내용 제시
> - 끝 : 본문 내용의 요약 및 필자 의견 제시

- 한 장의 슬라이드에 얼마나 많은 문자를 배열할 것인지 슬라이드 노트를 간단히 작성한다.

▪ **4단계 : 초고 쓰기**

- 조직한 내용을 바탕으로 프레젠테이션을 만든다.
- 계획하기 단계에서 준비한 프레젠테이션 서식과 디자인을 적용한다.

▪ **5단계 : 평가하기 및 고쳐 쓰기**

- 발표할 내용과 자신이 작성한 프레젠테이션을 보면서 발표문의 내용에 문제가 없는지 살펴본다.
- 발표할 내용에 맞춰 프레젠테이션에 적당한 특수 효과와 애니메이션 등을 적용한다.

구분		평가 내용	잘함	보통	부족
내용	처음	발표 대상이 나타나 있는가?			
		도입이 흥미롭게 제시되었는가?			
	중간	내용이 잘 구성되고 이해하는 데 무리가 없는가?			
		불필요한 내용은 없는가?			
	끝	결론에서 요구하는 내용이 잘 제시되었는가?			
형식	글	도입과 끝 부분이 확실히 구분되고 있는가?			
	슬라이드	각 슬라이드마다 글자 수나 문장 수가 일정한가?			
		각 슬라이드 간의 연결이 자연스러운가?			
	디자인 효과	글씨나 도표 등이 눈에 잘 띄는가?			
		특수 효과나 애니메이션이 적절히 사용되었는가?			

III 자연과학과 글쓰기

1. 과학 용어 풀어 쓰기
2. 미래 사회와 로봇
3. 논란의 식품, GMO

▣ 논문 쓰기

1.과학 용어 풀어 쓰기

학습 목표 •기초 과학 용어들을 한국어로 설명하는 글을 쓸 수 있다.

들 어 가 기

1. 자신이 중고등학교 때 배운 과학 수업을 기억하는가? 그때 교과서에서 읽은 중요한 과학 용어들 몇 개를 떠올려 보자.

2. 자신이 가진 과학적 지식을 일반인들에게 설명하기 위해서는 어떤 것들이 필요한지 이야기해 보자.

읽기

다음은 '관성'(慣性, inertia)에 대한 사전적 정의와 그에 대한 두 편의 글이다. 읽고 질문에 답해 보자.

(가) 이런 상황을 생각해 보자. 정지하고 있는 버스가 갑자기 출발하면 버스에 서 있는 사람들은 어떻게 될까? 아마 버스 뒤쪽으로 넘어질 것이다. 반대로, 달리던 버스가 갑자기 속력을 줄이면 버스 앞쪽으로 넘어지려고 할 것이다. 또 한 가지의 경우를 생각해 보자. 자전거를 타고 열심히 페달을 밟다가 페달에서 발을 뗐을 때, 자전거는 어떻게 될까. 아마 특별한 문제가 없는 한 자전거는 계속 가려고 할 것이다. 이때 갑자기 방향을 바꾸어 핸들을 틀면 어떻게 될까, 아마 자전거는 가던 방향으로 넘어지고 말 것이다.

이처럼 어떤 정지한 물체는 계속 정지해 있으려고 하고, 움직이는 물체는 계속 움직이려고 하는 현상을 '관성'이라고 한다. 그런데 여기에는 조건이 있다. 바로 그 물체에 힘이 작용하지 않을 때라는 조건이다. 그렇기 때문에 정지한 버스(물체 a)가 갑자기 출발할 때 승객들(물체 b)는 계속 정지해 있으려고 하는 성질 때문에 앞으로 가려는 버스와 반대쪽으로 넘어지게 되는 것이다. 만일 정지된 버스(물체 a)에 아무런 '힘'이 작용하지 않는다면,—즉 버스 운전사가 버스를 움직이게 하기 위해 엑셀러레이터를 밟지 않는다면—언제까지나 버스나 승객들은 자신이 있는 그 위치에 그대로 있게 될 것이다. 이것은 움직이는 자전거의 경우에도 마찬가지이다. 페달을 돌리지 않고 발을 떼면 자전거는 가던 방향으로 계속 가려고 할 것이다. 그러나 이때에도 '힘'을 가하여 방향을 오른쪽으로 급히 바꾼다면 어떻게 될까? 계속 앞으로 움직이려는 자전거는 이 '힘'에 의해서 결국 앞으로 넘어지게 되는 것이다. 이것도 역시 관성 때문이라고 할 수 있다.

(나) 관성(慣性)은 물체에 작용하는 힘이 0일 때 운동의 상태를 유지하려는 경향, 그리고 물체의 운동 상태가 변할 때 그 물체가 갖는 저항력을 가리킨다. 주로 버스 등이 출발할 때 정지해 있으려는 승객들이 뒤로 쏠리는 현상, 그리고 급정거할 때 계속 운동하려는 승객들이 앞으로 쏠리는 현상 등을 관성으로 설명한다. 관성의 원리는 물체의 운동과 거기에 적용된 힘에 의해 영향을 받은 물질을 기술하는 데 사용된 고전 물리학의 기본 원리 중 하나이다. 관성은 라틴어 'inner'로부터 왔다. 의미는 '일하지 않는' 또는 '게으르다'이다.

'관성'은 뉴턴의 첫 번째 운동법칙에 의해 기술된 '관성의 원리'와 관련이 깊다. 이 원리를 간단하게 말하면, 속도가 일정할 때 외부 힘에 의해 변화하지 않는 물체를 표현하기 위한 것이라고 할 수 있다. 더욱 간단하게 말하면, 관성이란 어떤 물체가 어떤 힘에 의해 속력과 방향이 변할 때까지 현재의 방향에서 현재의 속력을 유지할 때, 물체는 항상 계속해서 움직이려고 한다는 의미이다. 여기에는 어떤 힘에 의해 움직일 때까지는 움직이지 않는 물체에 대한 것도 포함된다.

1. 글 쓰는 목적에 따라 글을 구분하였을 때, 위의 두 글은 어떤 종류의 글인지 말해 보자.

2. 위의 (가)~(나)에서 '관성'을 설명하는 방식은 어떤 점에서 다른가? 아래의 빈칸에 알맞은 말을 〈보기〉에서 찾아 넣어 보자.

(가)에서는 '관성'을 ( ) 설명하였지만,
(나)에서는 주로 ( ) 설명하고 있다.

보기 : 이론적으로, 실제적으로, 예를 들어, 쉽게, 전문 용어를 써서, 현실적으로, 이상적으로

3. 위의 (가)~(나)의 글이 '관성'에 대해서 만족스럽게 설명하고 있는가? 위 글들을 고쳐 쓰려고 한다면, 다음 보기 중에서 어떤 것들이 좋은 방법이 될 수 있는지 함께 생각해 보자.

- 좀 더 구체적인 예를 들어 설명한다.
- 설명과 관계있는 그림 자료를 사용한다.
- 전문 용어보다 좀 더 쉬운 말을 사용한다.
- 문장을 좀 더 짧게 써서 쉽게 이해할 수 있도록 한다.
- 전문 용어에 대해서는 영어나 기타 외국어를 함께 써 준다.
- '관성' 외에 다른 어려운 용어에 대해서 보충 설명을 첨가한다.

쓰기

다음 세 가지 주제 중 하나를 택하여 이를 설명하는 글을 써 보자.

- 마찰력과 운동(the Frictional force and the Motion)
- 빛의 성질(the Properties of Light)
- 광합성 작용(the Photosynthesis)

1. 선택한 화제와 관련하여 필요한 자료들을 모은다.

2. 선택한 화제에 대한 정의(definition)를 어떻게 할 것인지 정하고, 그것을 설명할 때 필요한 자료로는 어떤 것이 있을지 메모한다.

정의	
필요한 자료	

3. 앞서 1~2에서 정리된 메모를 바탕으로 개요를 작성한다.

처음	
중간	
끝	

4. 개요를 바탕으로 글을 완성해 보자. 필요한 경우 그림이나 사진을 적절하게 배치해 보자 .

5. 여러분이 쓴 글을 다시 한 번 읽고 평가해 보자. 그리고 부족한 부분이 있으면 고쳐 보자.

구분		평가 내용	잘함	보통	부족
내용	처음	설명 대상이 나타나 있는가?			
		처음에서 요구되는 내용이 잘 제시되었는가?			
	중간	이해하기 쉽게 썼는가?			
		불필요한 설명은 없는가?			
	끝	끝에서 요구하는 내용이 잘 쓰였는가?			
형식	글	처음-중간-끝이 잘 구분되고 있는가?			
	문단	문단 나누기가 잘 되었는가?			
		문단 간의 연결이 논리적인가?			
	문장	문장 간의 연결이 논리적인가?			
		접속어 등 문장을 연결하는 표현이 잘 쓰였는가?			
표현	문장	문장의 길이는 적당한가?			
		문법적으로 맞는 문장을 썼는가?			
		문장의 호응이 잘 이루어졌는가?			
	어휘 어구	사용된 어휘와 어구 표현이 문맥에 적절한가?			
		다양한 어휘와 어구 표현을 사용하였는가?			
		불필요한 내용의 반복이 없는가?			

6. 자신이 쓴 글을 다른 사람의 것과 비교하여 읽어 보고, 어떤 점이 좋고 어떤 점이 아쉬운지 함께 이야기해 보자.

2.미래 사회와 로봇

학습 목표 • 제품(로봇 개발)이 가져야 하는 특성이나 기능을 소개하는 발표문을 쓰고 말할 수 있다.

들어가기

1. 미래 사회에서 로봇이 어떤 변화를 가져올 것이라고 생각하는가?

2. 다음은 로봇(robot)이 등장하는 영화 두 편이다. 이 영화를 본 적이 있는가? 영화 속에서 로봇과 사람의 관계에 대해서 이야기해 보자.

터미네이터2(Terminator 2, 1991)

바이센테니얼맨(Bicentennial man, 1999)

3. 미래 사회에서 로봇과 인간이 조화로운 관계를 유지하기 위해서는 무엇이 필요하다고 생각하는가?

읽기

다음은 로봇 공학(robotics)에서 꼭 지켜야 할 '로봇 대헌장'에 대한 글이다. 읽고 질문에 답해 보자.

로봇 대헌장

• 로봇 공학 3원칙(The Three Law of Robotics)

제1조. 로봇은 인간을 위험하게 할 수 없으며 인간의 위험을 간과해도 안 된다.

제2조. 로봇은 인간의 명령을 따라야 한다. 명령이 제1조에 어긋날 때는 따르지 않아도 된다.

제3조. 로봇은 제1조와 제2조에 위배되지 않는 한 자신을 지켜야 한다.

이 얼마나 단순하고 명쾌하며 효율적인 법률 체계인가? 인간은 로봇의 영원한 주인이다. 따라서 로봇은 어떤 상황에서도 주인에게 반기를 들 수 없으며 명령에 절대 복종해야 한다. 또 로봇은 주인의 사유 재산이기 때문에 분실, 파손되지 않도록 로봇 스스로 자기 관리에 철저해야 한다. 바로 이것이 로봇 공학 3원칙의 요지이다. (중략)

로봇 공학 3원칙은 SF소설의 대부 아이작 아시모프(Issac Asimov)가 1940년 12월 23일 성탄절을 앞둔 저녁, 로봇 기술의 미래를 예견하고 인류가 로봇에 지배되지 않도록 제정한 행동 원칙이다. 당시 촉망 받는 스무 살의 청년 작가였던 아시모프는 유명한 SF 잡지의 편집장 존 캠벨(John H. Campbell Jr.)과 토론을 벌이다가 매우 흥미로운 아이디어를 떠올렸다. 언젠가 기계 로봇이 인간을 능가할 정도로 진보해도 주인에게 반항하지 못하도록 로봇이 지켜야 할 법률 체계를 만드는 것이었다. 그는 이것을 '로봇 공학의 3원칙'으로 이름 짓고 1950년 《나는 로봇》(*I, Robot*) 이라는 소설을 통해 세상에 발표했다.

아시모프는 나중에 자신의 로봇 공학 3원칙이 인간을 보호하기에 충분하지 않다는 사실을 발견했다. 어떤 사람이 로봇에게 "지구의 나무를 모두 태워라"라고 명령해도, 그것은 개별 인간을 직접 해치는 행위가 아니므로 로봇은 시키는 대로 모든 나무에 불을 지를 것이다. 하지만 지구상에서 삼림이 사라지면 인류는 엄청난 재앙을 맞이하게 된다. 이런 논리적 모순에 부딪힌 아시모프는 그 뒤에 "로봇은 인류에게 해를 끼쳐서는 안 되며 위험한 상황에 방치해서도 안 된다"는 제0조항을 추가했다.

로봇 세계의 대헌장이라고 할 만한 로봇 공학 3원칙은 현시점에서 봐도 매우 탁월한 논리로 기계 로봇이 나아갈 바를 규정하고 있다. 과학 기술의 진보가 인류를 위협해서는 안 된다는 철학적 고민을 구체화시킨 빛나는 업적으로 아시모프는 로봇 공학의 아버지로 불리게 됐다.(사실 기계 덩어리에 윤리적 통제를 가한다는 발상부터 놀라운 일이다.) (중략)

올해로 63주년을 맞는 로봇 공학 3원칙은 주변 상황을 스스로 인식하고 행동하는 지능형 로봇이 속속 등장하는 상황에서 인간을 보호하는 기본 법률 체계로서 더욱 빛을 발하고 있다.

멍청한 프로그래머가 개발한 가정용 청소 로봇이 단지 방을 깨끗이 유지하기 위해 과자 부스러기를 흘리는 아이를 공격하지 않을 것이라는 보장이 있는가? 이러한 위험을 막기 위해서는 생활 속에서 지능을 갖춘 로봇의 모든 행동 프로그램에 로봇 공학 3원칙을 입력하고 적절한 안전 장치와 연계하는 것이 유일한 해결책이다. 인류의 행복을 위해서 아시모프의 로봇 공학 3원칙은 미래에도 그 생명력을 유지하며 지켜져야 할 당위성을 갖는다.

그러나 현실 세계에서 이 원칙은 그 뿌리부터 흔들리고 있다. 인간을 보호하라는 로봇 원칙 제1조를 무시하는 살인 로봇이 각국 정부의 지원하에 확산되고 있는 것이다. 아시모프가 아직 살아 있다면 아프간 전쟁을 계기로 세계 각국에서 무인 장갑차, 무인 전투기, 자폭 로봇 등 사람을 죽이기 위해 개발된 전투용 로봇 기술이 급속히 보급되는 상황을 보고 아마 이렇게 경고했을 것이다.

"전쟁 중이라고 해도 기계 로봇이 자의적 판단으로 인간을 죽이는 것을 결코 허용해서는 안 된다. 그것은 로봇의 행동 원칙에 어긋나는 행위다." 당신은 어떻게 생각하는가?

1. 아시모프가 로봇 공학 3원칙에 덧붙여서 제0조항을 만든 이유는 무엇인지 위 글에서 찾아 이야기해 보자.

2. 위 설명에 따라서 전투용 로봇이 로봇 공학의 원칙과 관련하여 어떤 점이 위배되는지 이야기해 보자. 그리고 그 문제를 해결하기 위해서 원칙을 하나 더 만든다면 어떤 것이 있을지 토의해 보자.

위배되거나 모순되는 점	
추가할 수 있는 원칙	

쓰고 말하기

당신과 당신의 팀은 세계적인 전자 회사에서 새로운 로봇 생산 기획을 맡고 있다. 다음의 두 로봇 3원칙을 참고하여, 자신의 팀이 개발할 로봇의 3원칙을 만들어 발표해 보자.

- 자취생 가사 도우미 로봇 3원칙

  제1조. 주인의 명령에 절대로 복종할 것.

  제2조. 주인이 없을 때에는 도둑이 들지 않도록 집을 잘 감시할 것.

  제3조. 주인이 술에 취했을 때에는 안전한 곳으로 피할 것.

- 가정용 청소 로봇의 3원칙

  제1조. 물이 많은 곳은 청소하지 말 것.

  제2조. 청소를 할 때 사람들을 불편하게 하지 말 것.

  제3조. 스스로 자기를 보호하기 위해서 주위에서 큰소리가 나면 안전한 곳으로 피할 것.

1. 상상력을 발휘하여 어떤 로봇을 만들 것인지를 구체적으로 기획해 보자.

무슨 일을 할 수 있는가?	
어디에서 주로 사용하는가?	

2. 자기 팀의 로봇이 실제로 양산되었을 때, 실생활에서 만날 수 있는 '다양한 상황'은 어떤 것이 있는지, 그리고 그 상황에서 로봇이 행동해야 하는 것은 무엇인지 함께 토의해 보자.

	상황	로봇의 대응
1		
2		
3		
4		
5		

3. 위에서 검토한 것들이 문제가 없는지 팀원과 함께 토의해 보고, 문제가 있으면 수정해 보자.

4. 위에서 이야기한 것들을 바탕으로 해서, 자기 팀의 로봇이 가져야 할 3원칙을 만들어 보자.

5. 새로운 로봇 기획안을 CEO에게 보고하려고 한다. 이 자리에서 여러 가지 로봇을 기획한 다른 팀과 경쟁하게 된다고 생각하고, 10분 정도의 발표문(프레젠테이션 문서)을 만들어 보자.

6. 발표문을 보고 CEO와 다른 팀에서 어떤 질문을 할지 예상해 보고, 그에 맞는 답변을 준비하자.

예상되는 질문	답변

7. 발표를 한 다음에 다른 팀의 발표문에 대해 어떤 점이 좋고 아쉬웠는지 이야기해 보자.

3. 논란의 식품, GMO

학습 목표 • 주장하는 글을 읽고 이에 반박하는 글을 쓸 수 있다.

들어가기

• 여러분은 'GMO'(Genetically Modified Organism) 혹은 '유전자조작식품'이란 말을 들어본 적이 있는가? 여러분이 알고 있는 내용을 설명해 보자.

유전자조작식품(GMO)은 1986년 미국 칼진사가 숙성 기간을 연장하여 껍질이 물러지는 것을 방지한 토마토를 개발한 것이 시초다. 1995년 미국의 몬산토사가 처음으로 콩을 상품화하는 데 성공했다. 최근에는 유전자 조작을 통해 많은 작물의 품종이 개량되고, 대량 생산이 가능해져 현재 전 세계적으로 유통되는 GMO는 50여 품목에 이른다.

유전자 변형 작물은 질병에 강하고 생산성이 높아 처음 등장했을 당시에는 인류의 식량난을 획기적으로 해소할 '꿈의 작물'로 기대를 모았다. 하지만 인체에 해를 끼칠 수 있다는 견해, 생태계를 교란시킬 수 있다는 견해 등이 대두됨으로써 반대 여론도 상당히 높다.

읽기

다음은 유전자조작작물을 생산하는 대표적 기업 몬산토(Monsanto)사의 홈페이지에 게시된 글이다. 읽고 질문에 답해 보자.

(1) 제품의 장점

• 농가가 누리는 혜택

· 수확량이 늘어나고 병충해, 열, 가뭄, 기타 환경 스트레스에 대한 종자의 저항성이 강화되어 생산성이 높아지고 비용이 절감됩니다.

· 특히 소규모 농가는 몬산토 제품을 사용함으로써 작물 생산량을 늘리고 환경을 보호하며 투입되는 자원을 절약할 수 있어, 생활수준이 향상되는 효과를 볼 수 있습니다.

• 가공 업체가 누리는 혜택

· 동물 사료, 식품, 연료의 품질과 영양분의 함량을 높일 수 있습니다.

• 소비자가 누리는 혜택

· 식품 내 단백질의 함량이 높아지고 탄수화물 함량이 늘어납니다.

· 건강에 좋은 식용유를 구입할 수 있습니다.

앞의 것과 더불어 몬산토의 생명공학 제품은 농가, 환경, 사회 전반에 실질적인 혜택을 제공합니다. 10년 전, 몬산토의 생명공학 작물이 최초로 재배된 이래 농가의 보존 경운 도입률이 증가했습니다. 이는 경작이 끝난 밭을 작물의 잔여물로 덮어 두는 농법으로, 지표면을 보호해 토양 손실을 최소화하며 토양 침식을 크게 줄일 수 있습니다. 현재 수많은 독립 연구기관에서도 생명공학의 장점을 입증하고 있습니다.

(2) 식품 안전

안전이라는 개념은 상대적인 것입니다. 식품과 사료도 마찬가지입니다. 식품과 사료의 안전성은 상식을 바탕으로 경험을 통해 입증되어 왔고, 최근에 들어서 공인된 과학적 평가 방법이 사용되었습니다. 유전자조작식품과 사료 및 생명공학 작물에 대해서, 몬산토는 세계적인 전문가들이 수립한 엄격한 절차를 통해 각각 제품의 안전성을 평가합니다. 이들 전문가는 농업 생명공학 기술을 이용하여 개발한 작물을 원료로 한 식품과 사료의 안전성을 평가

하는 임무를 맡고 있습니다. 1990년대 이후 새로운 식품 및 사료 작물, 특히 생명공학 작물에 대한 안전 기준은 이제까지 안전하게 소비된 일반 식품 및 작물의 안전 기준과 동일하게 적용되어 왔습니다.

2008년 유럽식품안전청(EFSA, European Food Safety Authority) GMO 패널은 유전자조작작물의 안전성 평가를 위한 동물 실험에 대해 다음과 같이 밝힌 바 있습니다.

> GM 작물과 이를 함유한 식품 및 사료의 안전성 평가는 비교 연구 방식을 따른다. 예를 들어 GM 식품과 사료를 non-GM 작물과 비교하여 의도된 차이와 의도되지 않은 차이를 파악한 후 환경, 사람과 동물의 안전에 미칠 수 있는 잠재적 영향력 및 영양 성분과 관련된 평가가 이루어진다. (실질적 동등성 또는 비교 안전성 평가, 정통성 개념; OECD, 1993; EC, 1997a; WHO, 1995; FAO/WHO, 2000; Codex Alimentarius, 2003; ENTRANSFOOD, 2004; EFSA, 2006a)

비교 평가는 새로 개발된 식품 및 사료 작물과 이에 상응하는 기존 식품 및 사료 작물 사이의 유사성과 차이점을 파악하는 것입니다. 새로 개발된 작물과 기존 작물 간에 발견된 유사성은 새로 개발된 작물이 그동안 안전하게 섭취되어 온 기존의 작물만큼의 안전성을 보유하고 있다는 증거가 됩니다. 이에 반해 차이점에 관해서는 과연 안전성에 대한 우려가 존재하는지를 분명히 밝히기 위해서 엄격한 과학적 평가 절차를 추가로 밟게 됩니다.

예를 들어 Agbios 데이터베이스(www.agbios.com)에는 지금까지 100여 개가 넘는 국가와 유럽연합(EU)에서 식품 안전성을 승인한 특정 생명공학 품목의 목록이 정리되어 있습니다. 각각의 경우 유전자조작작물을 원료로 하는 식품 및 사료를 기존 작물을 원료로 한 식품 및 사료와 비교했을 때, 안전성과 영양 측면에서 동일하다는 결론을 얻었습니다.

생명공학 작물의 안전성을 기존의 작물과 비교하여 평가하는 데 이용되는 단계식 평가 방법은 국제생명과학회(ILSI, International Life Sciences Institute)에서 최초로 제안한 것으로 현재 전 세계적으로 채택되어 사용되고 있습니다. 그리고 그 이후 많은 단체들에 의해 좀 더 정교해지고 개선되어 왔습니다. 중요한 사실은 지난 10년 동안 전 세계 백만 명이 넘는 농업인에 의해 채택되어 재배되고 절반이 넘는 세계 인구가 소비해 온 유전자조작작물에서 심각한 식품 알레르기나 독성이 발견된 사례는 단 한 건도 없었다는 사실입니다. (하략)

1. 중요한 내용에 밑줄을 그으면서 빠르게 읽어 보자.

2. 이 글에서 주장하고 있는 중심 내용은 무엇인가?

3. 이 글에서 식품 안전의 근거로 든 내용을 정리해 보자.

쓰기

앞에서 읽은 글은 GMO에 대해서 긍정적으로 쓴 글이다. 다음 질문에 답하면서 위 글에 반박하는 글을 써 보자.

1. 몬산토사에서는 GMO로 인해 생산성이 높아지고 비용이 절감된다고 하였다. 이 때문에 일부 사람들은 GMO가 앞으로 다가올 식량 위기를 해결해 줄 수 있다고 주장한다. 이 주장이 타당한지 자료를 찾아 검증해 보자.

2. GMO가 다른 작물이나 환경에 부정적 영향을 미친다는 주장이 있다. 이에 대한 자료를 찾아보고 이 주장이 타당한지 살펴보자.

3. 위 몬산토사에서 말했던 '식품 안전'에 대한 반례들이 없는지 인터넷 등에서 찾아 정리해 보자.

4. 위의 메모와 자료들을 바탕으로 개요를 작성해 보자.

서론	
본론	
결론	

5. 개요를 바탕으로 몬산토사의 주장에 반박하는 내용의 글을 써 보자.

6. 여러분이 쓴 글을 다시 한 번 읽고 평가해 보자. 그리고 부족한 부분이 있으면 고쳐 보자.

구분		평가 내용	잘함	보통	부족
내용	서론	GMO가 가진 문제를 자연스럽게 제시하였는가?			
	본론	주장을 분명하게 제시하였는가?			
		근거를 구체적이고 타당하게 제시하였는가?			
		주장과 근거의 관계는 긴밀한가?			
	결론	결론에서 요구하는 내용이 잘 제시되었는가?			
형식	글	서론-본론-결론이 분명하게 구분되어 쓰였는가?			
	문단	문단 나누기가 잘 되었는가?			
		문단 간의 연결이 논리적인가?			
	문장	문장 간의 연결이 논리적인가?			
		접속어 등 문장을 연결하는 표현이 잘 쓰였는가?			
표현	문장	문장의 길이는 적당한가?			
		문법적으로 맞는 문장을 썼는가?			
		문장의 호응이 잘 이루어졌는가?			
	어휘 어구	사용된 어휘와 어구 표현이 문맥에 적절한가?			
		다양한 어휘와 어구 표현을 사용하였는가?			
		불필요한 내용의 반복이 없는가?			

논문 쓰기

논문이란 무엇인가?

논문이란 어떤 문제에 대해 자신의 견해를 세우고 그것의 타당함을 논리적으로 증명하는 글이다. 교육과 연구를 전문적으로 하는 대학에서 논문은 자주 접하게 되는 글이다. 특히 학문을 전공하는 교수나 대학원생은 자신의 학문 분야에서 연구한 결과를 수시로 논문으로 발표하곤 한다. 대학생들의 경우 교수나 대학원생이 쓰는 수준의 학술적 논문을 요구받지는 않지만, 평소 논문에 가까운 형식의 과제를 요구받거나 졸업을 앞두고 논문을 써야 하는 경우가 있다.

논문은 대학생들이 대학 생활 중에 많이 쓰는 일반 리포트와는 성격이 다르다. 사실 학생들이 리포트라는 형태로 제출하는 과제는 그 범위가 너무 넓다. 글을 요약하여 쓴 요약문부터, 조사나 관찰·실험 후 그 결과를 정리하여 보고하는 보고서, 자신의 견해를 학술적으로 간단히 펼친 약식 논문까지 포괄적으로 이른다. 이에 비해 논문은 독창성, 논리성, 실증성, 객관성 등을 엄격히 요구하는 학술적인 글로, 각 분야의 전문가들이 읽을 만한 전문적인 내용을 다룬다.

논문에는 석사, 박사 등 학위를 취득하기 위한 학위 논문과 각종 학술지(저널) 또는 학술대회에 발표하는 학술 논문 등이 있다. 석사, 박사 학위 논문은 석사나 박사 학위를 받기 위해 심사 자료로서 제출하는 논문이다. 그리고 일반 학술 논문은 학자들이 자신의 연구 성과를 발표하기 위해 보통 학술 잡지에 싣는 논문이다.

대학생들은 이제 막 전문 분야의 지식을 획득하고 소화하는 과정에 있으므로 대학원생이나 교수만큼의 전문적인 논문을 쓰기는 어렵다. 하지만 논문 쓰기 연습을 통해 학문을 연구하는 방법을 제대로 배울 수 있다. 전문 분야의 문헌을 읽는 방법, 도서관을 이용하는 방법, 자료를 조사하는 방법, 문제를 탐구하고 논리화하는 방법 등을 기를 수 있는데, 이러한 방법의 획득은 앞으로 학문을 연구하는 데 기초가 된다.

학습 목표	• 학술 논문의 일반적인 형식과 내용을 이해하고, 실제로 쓸 수 있다.

논문의 내용적 특성은 무엇인가?

논문은 학문 분야별로 구체적인 연구 방법이나 그 형식이 다를 수 있지만, 기본적으로 어떠한 주제나 문제에 관하여 과학적, 체계적, 논증적으로 연구한 결과물이라는 점에서는 동일하다. 따라서 내용 면에서 다음과 같은 특성을 갖춰야 한다.

첫째, 독창성이 있어야 한다. 누구나 아는 지식을 내용으로 하는 글은 아무리 잘 썼다 하더라도 논문이 될 수 없다. 논문은 지금까지 발견되거나 언급되지 않았던 새로운 사실에 대해 보고하는 글이라는 점에서, 자료, 연구 방법, 결론 중 적어도 하나는 새로워야 한다. 새로운 자료를 발견하여 쓴 논문의 경우, 새로운 자료를 통해 기존의 연구 결과에 수정을 가할 수도 있고, 또 기존의 견해를 강화시킬 수도 있다는 점에서 의의가 있다. 연구 방법이 새로운 경우는 새로운 방법론에 의해 기존의 논의를 재확인하고 강화시킨다는 점에서 의의가 있다. 결론이 새로운 경우는 기존의 연구와 다른 결론을 제시함으로써 새로운 지식을 창출할 수 있다.

둘째, 실증성이 있어야 한다. 실증성이란 실제적으로 증명할 수 있어야 한다는 말이다. 따라서 실증성을 확보하기 위해서는 주장에 대한 근거가 명확해야 한다. 입증할 만한 증거가 부족하면 논문으로 인정받기 어렵다. 예를 들어 "한국인은 노래를 좋아하는 민족이다"는 주제로 논문을 쓴다면 노래를 좋아하는 민족임을 증명할 만한 자료를 제시해야 한다. 국민을 대상으로 설문지를 작성하여 일주일에 노래를 몇 번 부르는지 등을 조사해서 그 결과로 자신의 주장을 증명해야 한다. 주변에서 보니까 그런 것 같다는 식의 주관적 판단으로 결론을 내리는 내용으로는 논문을 쓸 수 없다.

셋째, 논리성을 갖추어야 한다. 논문은 기본적으로 자신의 주장을 펴서 독자를 설득하는 글이다. 따라서 자신의 주장에 대한 근거를 논리적으로 전개해야 한다. 또한 논문은 수많은 증거를 연결 지어 이를 바탕으로 결론을 도출해 가므로 논리적 전개는 무엇보다 중요하다. 논리 전개의 과정이 어떻게 되느냐에 따라 결론이 달라질 수도 있다.

논문의 내용적 특성

- 독창성: 지금까지 발견되지 않은 새로운 것이어야 하는데 그것은 자료, 방법, 결론 중 한 가지 이상은 새로워야 한다.
- 실증성: 주장에 대한 명확한 증거를 제시해야 한다.
- 논리성: 자신의 주장에 대한 근거를 설득력 있게 논리적으로 전개해야 한다.

논문의 형식적 특성은 무엇인가?

논문의 형식적 특성은 학문 분야별로 약간의 차이가 있어 완전히 통일된 형식은 없다. 하지만 대체로 다음과 같은 구성을 가진다. 일반 학술 논문의 경우는 "제목-요약(Abstract)-(목차)-서론-본론-결론-참고 문헌"으로 구성된다. 여기에 부록이 붙기도 한다. 학술 논문은 보통 학술지를 발행하는 학회에서 그 길이를 제한하고 있으며, 이때 쪽수나 단어, 글자 수를 명시하여 제한하기도 한다. 학위 논문의 경우도 구성은 일반 학술 논문과 비슷하나 일반 학술 논문에 비해 주제와 연구 범위가 넓기 때문에 길이도 훨씬 길다.

일반 학술 논문의 예

외국인 학습자를 위한 한국어 음운 규칙의 제시 순서 연구 ······ 제목

At this thesis, I researched the presenting order for phonological rules of Korean in teaching pronunciation of Korean for foreign learners, especially concerning contents which taught and learned phonological rules. (하략) ······ 영어 요약문

1. 머리말	서론
2. 선행 연구 검토 3. 음운 규칙 교수-학습 순서 설정의 원리 3.1. 교수-학습이 필요한 음운 규칙 선정 3.2. 교수-학습 순서 설정의 원리 4. 원리 적용의 결과 4.1. 난이도에 다른 위계 4.2. 사용 빈도에 따른 위계 4.3. 일반화 가능성에 따른 위계	본론
5. 마무리	결론
참고문헌 강옥미(2003), 《한국어 음운론》, 서울:태학사. 국립국어원(2005), 《외국인을 위한 한국어 문법》, 서울:커뮤니케이션북스.	참고문헌

논문은 어떻게 쓰는가?

논문은 크게 '준비 단계-집필 단계-점검 단계'로 나눌 수 있다.

과정1 : 준비 단계

▪ 주제 정하기

논문을 쓰려면 먼저 논문의 주제를 정해야 한다. 논문의 주제는 무엇에 대해 쓸 것인가에 대한 답인데, 주제는 평소 관심 있던 분야에 대해 고민하는 과정에서 잡힐 수도 있고, 관심 있는 분야에 대한 선행 연구를 읽으면서 정해질 수도 있다.

논문의 주제는 무한하다(어느 것이든 논문의 주제가 될 수 있다). 하지만 논문을 즐겁게, 구체적으로 잘 쓰기 위해서는 평소 자신이 관심을 가졌던 것에서 찾는 것이 좋다.

▪ 주제와 관련된 선행 연구 찾아 읽기

주제를 정하면 그 주제에 대해 다룬 기존의 연구 업적(논문이나 책)을 찾아 읽어야 한다. 논문의 주제와 관련된 기존의 연구 업적을 보통 선행 연구라고 하는데, 이러한 선행 연구를 찾아 읽는 이유는 두 가지이다. 하나는 내가 쓰고자 하는 주제에 대해 이미 누군가가 썼는지를 확인하기 위해서다. 앞에서 논문은 독창성이 있어야 한다고 하였다. 내가 쓰고자 하는 내용의 논문이 있다면 그 주제에 대해 내가 다시 쓰는 것은 표절이 된다. 따라서 이런 경우 주제를 수정해야 한다. 두 번째는 선행 연구를 읽으며 그동안 이 주제에 대해 어떤 연구가 이루어졌고, 그 연구들은 어떤 의의와 한계가 있었는지 확인하여 내 연구의 방향을 좀 더 분명히 하고, 연구의 필요성을 찾기 위함이다.

선행 연구를 조사하는 방법은, 우선 도서관에서 주제어 검색을 통해 자신의 주제와 관련된 논문을 찾는 것이 좋다. 그리고 수집된 논문 뒤에 수록된 '참고 문헌' 항목을 참조해 확장·조사하는 것이 좋다.

선행 연구를 찾다 주제와 관련된 논문이 너무 많으면, 어떤 논문부터 읽어야 할지, 또는 모든 논문을 읽어야 할지 고민을 하게 된다. 그럴 때는 ① 해당 분야 권위자의 논문, ② 인용되는 빈도수가 높은 논문, ③ 최근에 발표된 논문을 우선으로 하여 읽는 것이 좋다.

▪ 목차 작성하기

주제를 정했으면 그 주제를 어떻게 전개할 것인지 간단히 목차를 작성해 본다. 목차는 논문의 설계도와 같다. 논리적으로 작성된 목차는 논리적 전개를 위한 기초가 된다.

과정2 : 집필 단계

집필 단계에서는 먼저 목차를 바탕으로 개요를 좀 더 치밀하게 완성한다. 그리고 개요에 맞춰 각 단계별로 논문을 써야 하는데 각 단계에 들어가는 내용은 다음과 같다.

▪ 서론 쓰기

본고는 한국어를 배우는 외국인 학습자를 대상으로 한 발음 교육에서 효과적인 음운 규칙의 교육 순서에 대해 살펴보고자 한다.

연구 목적 제시

외국인을 위한 한국어 교육의 궁극적 목적은 의사소통에 있다. 그런데 의사소통에 있어 일차적 수단이 음성 언어라는 점, 그리고 정확한 의미 전달을 위해서는 정확한 발음이 수반되어야 한다는 점에서 발음 교육은 매우 중요하다. 그래서 많은 선행 연구에서도 발음 교육의 중요성을 강조하면서 외국인 학습자를 위한 발음 교육과 관련한 다양한 주제의 논의들이 진행되었다.

발음 교육의 중요성 강조

발음 교육에 대한 연구는 2000년 이후 대폭 증가하였는데, 발음 교육 요소, 교육 방안, 한국어 학습자의 발음 오류 양상, 그리고 이를 교육하기 위한 한국어와 특정 외국어 음운의 대조 분석 등 다양한 주제의 연구가 이루어졌다. 그러나 연구가 대부분 해당 언어권 화자가 갖는 음성, 음운론적 특징을 한국어와 비교하여 제시하고, 발음 교육 방안을 제시하는 데 집중되었다. 따라서 발음 교육의 모든 영역에서 연구가 활성화되었다고 보기는 어렵다. 특히 본고에서 논의할 음운 규칙에 대한 연구는 별로 이루어지지 않았다. 음운 규칙은 음운, 억양 교육과 함께 발음 교육의 중요한 한 축을 이루지만, 이 부분에 대한 연구는 상대적으로 부족한 것으로 보인다.

문제 제기 : 본 연구의 주제와 관련된 연구가 부족함

하지만 음운 규칙에 대한 교육도 음운이나 억양과 마찬가지로 학습자들이 음운 규칙을 좀더 쉽게 이해하고, 활용할 수 있도록 교수-학습 내용이나 방법에 대한 것들이 모색되어야 한다. 특히 우리말은 음운과 음운이 만나 소리의 변동을 일으키는 음운 변동 현상들이 많을 뿐만 아니라, 모아쓰기와 형태주의 표기를 취함으로써 표기와 발음의 불일치가 커 학습자들이 겪는 어려움이 적지 않다. 따라서 한국어를 배우는 외국인 학습자들에게 체계적인 음운 규칙의 교육은 반드시 필요하다.

연구의 필요성 제시

이에 본고에서는 외국인 한국어 학습자를 위한 발음 교육을 위해 한국어의 음운 규칙을 어떤 순서로 교육하는 것이 효과적인지 살펴보고자 한다. 음운 규칙에 대한 교육을 설계하는 데 있어 직면하는 기본 문제는 "어떤 규칙을, 어떤 순서로, 어떻게 가르칠 것인가"인데, 본고에서는 이 세 가지 중 "어떤 순서로 가르칠 것인가"에 대해서만 논

연구의 목적 및 내용 제시

> 의하고자 한다. 물론 음운 규칙의 교육 순서에 대해 논의하기 위해서는 먼저 한국어 음운 규칙들 중 어떤 규칙을 교육 대상으로 할 것인지가 전제되어야 한다. 즉 교수-학습이 필요한 규칙을 선정하고, 불필요한 규칙을 배제하는 것이 선행되어야 그것의 제시 순서를 논할 수 있는 것이다. 그런데 이에 대해서는 이미 장향실(2008)에서 이루어졌으므로, 본고에서는 장향실(2008)에서 선정한 음운 규칙들을 대상으로 그 제시 순서에 대해 살펴보고자 한다.

위의 예시 논문의 첫 문단에서는 먼저 연구의 목적을 제시하였는데, 일반적으로 연구의 목적은 서론의 처음이나 끝에 제시된다. 두 번째 문단에서는 발음 교육이 외국인 학습자들에게 중요하다는 점을 강조하고, 이 때문에 발음 교육과 관련된 다양한 주제의 연구가 이루어졌다고 하였다. 이어 세 번째 문단에서는 발음 교육에 대한 연구가 2000년 이후 급증했음에도 불구하고 음운 규칙에 대한 연구는 별로 이루어지지 못했다고 하며 문제를 제기하고 있다. 네 번째 문단에서는 외국인 학습자에게 음운 규칙이 교육되어야 한다는 점에서 연구의 필요성을 제시하였다. 마지막 문단에서는 앞의 이유들 때문에 이 연구를 하고자 한다고 언급하면서 연구의 목적과 내용을 제시하였다.

▪ **선행 연구 제시**

논문에서는 자신의 논문 주제와 같은 주제로 연구한 기존 논문을 간단히 개관하는 선행 연구 제시가 있어야 한다. 선행 연구는 서론에서 연구의 목적 등과 함께 간단히 제시될 수도 있고, 2장으로 따로 구분하여 제시할 수도 있다.

> **2. 선행 연구**
>
> 앞서 언급한 바와 같이 한국어를 배우는 외국인 학습자에게 음운 규칙을 어떤 순서로 제시하는 것이 효과적인지에 대한 연구는 많지 않다. 음운 규칙의 교육 순서에 대한 연구로는 이향(2002), 이윤희(2003), 김

선행 연구의 분류 및 앞으로 논의할 선행 연구의 간략 제시

형복(2004), 김영선(2005), 정명숙(2008) 등이 있다. 이중 이향(2002), 이윤희(2003), 정명숙(2008)은 특정 언어권 학습자를 대상으로 한 연구로, 음운 규칙을 포함하여 발음 교육 전반에 대해 다룬 연구이다. 그리고 김영선(2004)는 발음 교재 개발 방안을 모색하는 과정에서 음운 규칙의 제시 순서를 언급한 것이다. 이 연구들은 음운 규칙만을 대상으로 한 본격적인 연구는 아니고, 전체 발음 교육에 대한 연구에서 음운 규칙에 대한 연구가 일부 포함된 경우이다. 음운 규칙만을 대상으로 구체적이고, 본격적으로 연구가 이루어진 것은 김형복(2004)를 들 수 있다.

이향(2002)에서는 중국어권 학습자들의 오류 빈도를 조사하여 학습자들이 어려워하는 정도, 즉 난이도를 바탕으로 음운 규칙의 제시 순서를 정했는데, 그 순서는 다음과 같다.

이향(2002) 논문의 요점 및 한계점 제시

(1) 모음 → 자음 → 받침 → 발음 → 유성음화 → 경음화 → ㅅ 첨가 → 격음화 → 구개음화 → 자음동화 → ㄴ 첨가

이향(2002)에서는 학습자의 모국어와 목표어의 대조 연구를 통하여 학습자의 어려움을 예측하고, 이를 바탕으로 발음 교육 내용을 선정하여야 한다고 하였다. 그리고 그 제시 순서는 실제 학습자들의 발음 오류 빈도를 조사하여 결정하여야 한다고 하였다. 하지만 오류율이 높은 것이 반드시 난이도가 높은 것은 아니라는 점에서 이 판단 기준은 재고되어야 할 것이다. 왜냐하면 오류율은 그 규칙이 교육되었는지 안 되었는지, 또는 학습자에게 얼마나 반복적으로 교육되거나 노출되었는지, 어떻게 교육되었는지에 따라 결과가 달리 나올 수 있기 때문이다. 이향(2002)에서도 이 같은 사실을 보여 주는 결과가 제시되었는데, 구개음화는 오류 빈도가 높으나 'ㅌ+-이 → /치/'에서의 오류는 낮게 나타났다고 하였다. 이것의 오류율이 낮게 나타난 것은 '같이'라는 단어의 사용 빈도가 높기 때문이다. 이는 아무리 어려운 음운 규칙이라고 하더라도 그 사용 빈도가 높으면 오류가 오히려 줄어들 수 있음을 보여 준다. 따라서 오류율을 바탕으로 난이도를 평가하고 이를 바탕으로 설정한 난이도를 음운 규칙 교육의 중요한 기준으로 잡기 어렵다고 생각한다.

이윤희(2003)에서는 음운 규칙을 교육함에 있어 빈도수가 우선 고려의 대상이 되어야 한다고 하였다. 하지만 빈도수가 낮은 음운 규칙이라 하더라도 학습자의 이해를 돕기 위해서는 선행 학습되는 것이 바람직하다고 하였다. 이 논문에서는 빈도수 파악을 위해 이상억(1998)의 자료를 이용하였는데, 이상억(1998)에 제시된 음운 규칙 항목 중 일본어에 나타나는 ㅅ 구개음화, ㄴ 구개음화, ㄹ 구개음화를 제외한 규칙들을 대상으로 빈도순을 먼저 고려하고, 학습자의 이해를 고려하여 다음과 같은 교육 순서를 정했다.

(2) 유성음화 1 → 음절 말 장애음 중화 → 자음군 단순화 → 음절 말 유성자음 불파화 → 설측음화 → 음절 조정 규칙 → ㄷ 구개음화 → ㄴ 삽입 → 비음화 → 격음화 → ㅎ 탈락 → 경음화 → 유성음화 2 → 유음화 → 두음 법칙 → ㄹ의 ㄴ화

이윤희(2003)에서는 음운 규칙의 빈도를 측정하기 위해 이상억(1998)의 자료를 이용하였다. 이상억(1998)에서는 음운 규칙의 빈도 조사를 위해 이희승 편 〈국어 대사전(개정판)〉에서 각 페이지의 왼쪽 맨 밑 어항을 임의로 하나씩 뽑아 총 4,370개의 어항을 대상으로 단어 내부에서 일어나는 음운 현상을 조사하였다. 추출된 단어가 임의적이어서 음운 규칙의 빈도 조사에 대한 신뢰도가 높다고 보기는 어려울 것이다.

(중략)

이상에서 음운 규칙의 교수-학습 순서에 대해 논한 선행 연구들을 살펴보았는데, 이에 대한 논의가 아직 구체적이고 정밀하게 이루어졌다고 보기 어렵다. 이것은 교수-학습의 순서를 정하는 기준이 정밀하게 설정되고, 적용되지 못했기 때문이다. 이에 본고에서는 음운 규칙의 교수-학습 순서를 설정하기 위한 구체적 기준을 세우고, 이를 적용해 보고자 한다.

이윤희(2002) 논문의 요점 및 한계점 제시

선행 연구 종합을 통한 문제 제기 및 연구의 필요성·목적 제시

선행 연구 제시 단계에서는 자신의 논문 주제와 관련된 연구가 그동안 얼마나 있었고, 어떤 내용으로 전개되어 왔으며, 그 연구들은 어떤 한계와 의의가 있는지 제시해야 한다. 이러한 제시를 통해 앞으로 어떤 연구가 필요한지가 자연스럽게 도출되므로, 연구 주제의 필요성을 언급하기 위해서는 이 부분이 꼭 전제되어야 한다.

위 예시 논문에서도 먼저 연구 주제와 관련된 선행 연구들을 모두 제시한 후, 다시 하나씩 중심 내용과 연구의 한계를 언급하고 있다. 그리고 마지막으로 전체 종합을 통해 본 연구의 필요성과 목적을 다시 한 번 강조하고 있다. 논문에서 선행 연구를 제시할 때는 "이향(2002), 김형복(2004)"과 같은 방식으로 하는데, 논문의 본문에서는 저자와 논문 발간 연도만 제시하고, 논문에 대한 자세한 정보는 논문 끝에 실리는 참고문헌 목록에 제시한다.

▪ 본론 쓰기

본론은 자신의 의견을 본격적으로 전개하는 부분으로, 서론에서 제시한 연구의 목적에 충실히 도달되어야 한다. 이를 위해서는 자료의 분석과 해석, 주제에 대한 논증이 논리적으로 이루어져야 한다.

> **3. 음운 규칙 교수-학습 순서 설정의 원리**
>
> **3.1 교수-학습이 필요한 음운 규칙**
>
> 음운 규칙의 교육 순서를 살피기에 앞서 반드시 선행되어야 할 것은 가르칠 음운 규칙 항목을 선정하는 작업이다. 외국인을 위한 한국어 발음 교육에서는 한국어의 음운 규칙을 모두 가르칠 필요가 없기 때문이다. 이해를 목적으로 하는 한국어 모국어 화자 대상의 국어교육에서는 모든 규칙을 제시할 필요가 있지만 한국어로 의사소통하는 것을 목적으로 하는 외국인을 위해서는 활용에 필요한 것만 가르치면 된다. 따라서 외국인을 위한 발음 교육에서는 교육이 필요한 음운 규칙 항목을 따로 설정해야 한다. 음운 규칙 항목의 선정에 따라 교육 순서도 달라질 수 있다는 점에서 항목 선정은 중요하다.
>
> 그런데 외국인 학습자를 위한 한국어 음운 규칙의 항목 선정은 장향실(2008)에서 이미 이루어졌다. 즉 장향실(2008)에서는 한국어를 배우는 외국인 학습자를 위한 한국어 발음 교육에서

교수-학습이 필요한 음운 규칙을 선정하였다.[1] 본고에서는 여기서 선정된 규칙을 바탕으로 음운 규칙의 제시 순서에 대해 살피고자 한다. 장향실(2008)에서는 한국어 음운 규칙 전체를 대상으로 교수-학습이 필요한 규칙과 불필요한 규칙으로 분류하였는데, 그 결과는 다음과 같다.[2]

〈표1〉 외국인 학습자를 위한 음운 규칙 항목 선정

교수-학습되어야 할 음운 규칙	교수-학습될 필요가 없는 음운 규칙
㉠ 평폐쇄음화	㉠ 설측음의 비음화〈2〉
㉡ 장애음의 비음화	㉡ /ㄴ/ 탈락
㉢ 설측음의 비음화〈1〉 (/ㄴ/-/ㄹ/ 연쇄 제외)	㉢ /ㅡ/ 탈락
㉣ 설측음화 (/ㄴ/-/ㄹ/의 연쇄, /ㄹ/-/ㄴ/의 연쇄)	㉣ /ㅏ, ㅓ/ 탈락
㉤ 자음군 단순화	㉤ /j/ 탈락
㉥ 장애음 뒤 경음화	㉥ /j/ 활음화
㉦ /ㅎ/ 탈락	㉦ /w/ 활음화
㉧ 격음화	㉧ 양순음화
㉨ 동일 조음 위치 장애음 탈락	㉨ 연구개음화
㉩ 어간말 비음 뒤 경음화	㉩ 단어 내부 유성음 사이에서의 /ㅎ/ 탈락
㉪ 관형형 {-을} 뒤의 경음화	㉪ 한자어의 경음화
㉫ 구개음화(조사 '-이'로 한정)	㉫ /ㄷ/ 첨가
㉬ 연음	㉬ /ㄴ/ 첨가

1) 장향실(2008)에서는 교수-학습이 필요한 규칙과 불필요한 규칙으로 나누었는데, 교수-학습이 필요한 규칙으로는 첫째, 음운론적 정보만으로 표면형을 정확하게 예측할 수 있는 규칙이고 둘째, 형태론적인 정보가 필요한 규칙이지만, 그 정보가 이미 배운 문법이면서 일정 환경에서 그 규칙이 예외 없이 적용되는 규칙이다. 음운 규칙으로 제시해야 할 필요가 없는 경우는 다음의 네 가지 경우이다. 첫째는 음운 변화의 결과가 표기에 반영되고, 표기와 발음이 일치하는 규칙들이다. 둘째는 수의적인 규칙이고, 셋째는 학습자가 인지하기 어려운 형태론적 정보가 요구되는 규칙이다. 넷째는 음운 규칙의 발생 조건을 예측할 수 없어 공시적 음운 규칙으로 기술할 수 없는 현상들이다. 이에 대한 자세한 논의는 장향실(2008) 참조.

2) 본고에서 제시한 음운 규칙의 명칭은 신지영·차재은(2003)을 따른 것이다. 여기에서 제시한 음운 규칙의 명칭은 학교 문법의 명칭과는 좀 다르다. 신지영·차재은(2003)에서 사용한 명칭은 학계에서 따르는 일반적인 명칭을 따른 것으로 보이는데, 이러한 명칭의 문제는 본고의 논의에서 큰 문제가 되지 않는다고 생각한다. 음운 규칙의 명칭은 교육 현장이나 실제 교재에서 제시할 때의 문제이므로, 음운 규칙의 제시 순서만을 논하는 본고에서는 신지영·차재은(2003)의 용어들을 그대로 사용해도 무방하다고 본다.

3.2 교수-학습 순서 설정의 원리

3.1에서 외국인을 위한 한국어 발음 교육에서 가르쳐야 할 음운 규칙들에 대해 장향실(2008)을 바탕으로 다시 정리하여 보았다. 여기서는 이 규칙들을 어떤 순서로 교육하는 것이 좋은지, 즉 규칙들의 교수 순서에 대해 살펴본다.

사실 음운 규칙의 교육 순서는 교육과정, 학습자의 모국어 등 여러 요인에 따라 가변적일 수 있다. 외국어로서의 한국어 교육에서는 하나의 음운 규칙이라 하더라도 한꺼번에 가르치지 않고 단계별로 나누어 제시할 수 있다. 이는 하나의 문법 항목이라도 그 의미와 기능이 다양할 경우 의미를 구분하여 단계적으로, 순환적으로 제시하는 것과 같은 원리이다. 또한 발음 교육에서는 음운이든, 음운 규칙이든 그 내용을 반복적으로 가르쳐야 한다. 외국인 학습자의 발음이 쉽게 모국어 화자의 발음처럼 되기 어렵기 때문에 여러 번의 반복 교육이 필요한 것이다. 따라서 음운 규칙의 교수-학습 순서는 하나의 음운 규칙을 나누어 제시할 것인가, 한 규칙을 얼마나 반복적으로 교육할 것인가, 수업 시수를 어떻게 할 것인가 등에 따라 달라질 수 있다. 이처럼 음운 규칙의 교수-학습 순서는 변인들에 따라 변화가 있을 수 있지만, 본고에서는 범용 교재 개발이나 범언어권 학습자를 대상으로 한 발음 수업을 가정하고 음운 규칙별로 그 교육 순서에 대해 살펴보고자 한다.

음운 규칙의 교육 순서를 정하기 위해서는 먼저 설정의 기준이 필요하다. 본고에서는 그 기준으로 사용 빈도, 난이도, 일반화 가능성을 들고자 한다. 이 세 가지 기준은 문법 항목이나 어휘의 배열 등, 한국어 교육에서 교수-학습의 단계를 설정하는 데 주요 기준으로 다루어지는 것들이다. 이들이 중요한 기준이 되는 것은 한국어 교육의 목적이 의사소통능력 개발을 위한 언어 사용 능력을 기르는 데 있기 때문이다. 효용성이나 교수 학습의 용이성 때문에 빈도나 난이도, 일반화 가능성 등이 중요한 기준이 되는 것이다. 따라서 이들은 음운 규칙의 교수-학습의 순서를 정함에 있어서도 중요한 근거가 될 수 있다고 본다.

본고에서는 음운 규칙 제시의 원리로 사용 빈도, 난이도, 일반화 가능성을 들었다. 그런데 이 원리들을 적용하여 음운 규칙들의 교육 순서를 정하기 위해서는 다시 사용 빈도, 난이도, 일반화 가능성을 측정하는 기준이 구체적으로 마련될 필요가 있다. 또한 이 세 원리들 사이에도 순서가 정해져야 할 것이다. 예컨대 세 가지 원리 중 어떠한 원리가 가장 우선적으로 적용되어야 하는지, 또한 각 원리들 간에 모순이 생길 경우 어떤 원리를 우선적으로 적용시켜야 하는지 등을 정할 필요가 있다.

먼저 세 원리 중 사용 빈도를 알아보기 위해서는 실제 언어생활의 자료를 통해 음운 규칙의 사용 빈도를 직접 살펴야 할 것이다. 이에 본고에서는 국립국어원과 한국어 세계화 재단의 기획으로 만들어진《외국인를 위한 한국어 학습 사전》의 표제어를 대상으로 음운 규칙의 출현 빈도를 조사하였다.

(중략)

다시 한 번 원리 적용의 절차를 좀더 구체적으로 제시하면, 먼저 음운 정보만으로 표면형을 예측할 수 있는가 없는가를 기준으로 규칙들을 난이도가 높은 것과 그렇지 않은 것의 두 가지 범주로 대별할 것이다. 그리고 이들 범주 내에서 각각 사용 빈도에 따라 규칙의 제시 순서를 정하고, 이 순서를 다시 일반화 가능성을 고려하여 재조정할 것이다.

4. 원리 적용의 결과

4.1 난이도에 다른 위계

앞에서 난이도에 따른 위계 조사는 음운 정보만으로 표면형을 예측할 수 있는가 없는가가 중요한 기준이 된다고 하였다. 앞 3.1에서 제시한 외국인 학습자용 음운 규칙을 대상으로 음운 정보만으로 표면형을 예측할 수 있는 규칙(이하 1군)과 형태론적 정보가 필요한 규칙(이하 2군)으로 대별하면 다음과 같다.

(하략)

4.2 사용 빈도에 다른 위계

한국어 음운 규칙의 사용 빈도 상의 위계를 살피기 위해 본고에서는 국립국어원과 한국어 세계화 재단의 기획으로 만들어진《외국인을 위한 한국어 학습 사전》[3]을 이용하였다. 이 사전의 표제어 중 “5개 대규모 말뭉치 어휘 빈도 목록 공통 중요 어휘”와 “26종 한국어 교재의 공통 중요 어휘”에 중복적으로 나타나는 어휘를 대상으로 어휘 내부에서 일어나는 음운 규칙을 조사하였다.

---

3) 이 사전은 한국어를 외국어로, 또는 제2언어로 배우는 사람들을 위해 만든 것이다. 1998년 ‘한국어세계화추진위원회’의 ‘현대 한국어의 학습을 위한 기본 어휘 선정’ 연구에서 시작되어 문화관광부의 지원 하에 2006년에 발간되었다. 한국어 말뭉치를 기반으로 한국어로 쓰여진 일상적인 글의 약 80%를 이해하는 데에 필수적인 5천여 개의 기본 어휘 외에, 한국어 학습에 필요한 다양한 어휘를 보충하여 만든 것이다. 본고에서는 이 사전의 표제어 중 중요어로 분류된 ‘① 5개 대규모 말뭉치 어휘 빈도 목록 공통 중요 어휘, ② 26종 한국어 교재의 공통 중요 어휘, ③ 12종의 기본 어휘 목록과 7종의 사전 중요어 목록의 공통 중요 어휘’ 중 ①과 ②의 자료를 대상으로 음운 규칙의 출현 빈도를 조사하였다.

> 국어의 경우 체언과 조사, 용언의 어간과 어미가 결합하는 과정에서, 또는 단어와 단어 사이에서도 일어나지만 이의 경우 빈도를 살피기 어려워 단어 내부에서 일어나는 규칙만을 대상으로 조사하였다. 음운 규칙의 실현 여부는 표준발음법을 따라 결정하였다. 그리고 한 단어에서 여러 가지 음운 현상이 일어날 경우 이들을 모두 따로 계산하였다. 추출한 어휘는 모두 2,513개였으며, 이들 단어에서 일어난 음운 규칙의 빈도는 다음과 같다.
>
> (하략)
>
> **4.3 일반화 가능성에 따른 위계**
>
> 일반화 가능성에 따른 위계를 살펴보기 위해 규칙들 사이의 순서 적용의 위계를 보자.
>
> (하략)

본론은 일반 학술지에 실리는 소논문의 경우 보통 2, 3개의 장으로 나뉘고, 각장은 다시 하위 항목으로 나뉘어 서술된다. 본론의 구성 및 전개 방식은 일정한 형식이 없고, 학문 분야별로, 논제별로 달라질 수 있다. 다만 충분한 근거와 자료를 바탕으로 논증이 이루어지고, 논리적 일관성을 가지고 논지를 전개해 결론에 도달해야 한다는 것이 중요한 요건이다.

위의 예시 논문을 가지고 본론의 내용을 구체적으로 살펴보자. 이 논문의 서론에서는 외국인 학습자에게 한국어의 음운규칙을 가르칠 때, 효과적인 교수 순서에 대해 논의하겠다고 연구 목적을 제시하였다. 따라서 본론에서는 이에 대한 논의가 본격적으로 진행되어야 할 것이다.

이 논문의 본론 부분은 3장과 4장으로 나뉘고, 3장은 다시 3.1과 3.2로, 4장은 4.1, 4.2, 4.3으로 나뉜다. 3장과 4장으로 나뉘는 이유는 그 내용의 차이 때문이다. 이 논문의 내용 전개를 따라가 보면, 3장에서는 가르쳐야 할 대상 음운 규칙을 선정하고(3.1), 이들을 대상으로 교육 순서를 정하기 위한 기준(원리)를 설정하였다(3.2). 그리고 4장에서는 3장에서 설정한 세 가지 원리, 즉 난이도에 따른 위계, 사용 빈도에 따른 위계, 일반화 가능성에 따른 위계의 원리를 한국어 음운 규칙에 적용해, 한국어 음운 규칙의 교육 순서를 정하였다. 요컨대, 3장에서는 음운 규칙의 교육 순서를 정하기 위한 기준을 설정하고, 4장에서는 이 원리를 실제에 적용한 것이다. 이러한 과정을 거쳐 서론에서 목적한 바의 결과, 한국어 음운 규칙의 교육 순서를 도출하였다.

이처럼 논문의 본론은 서론에서 밝힌 연구의 목적에 도달하기 위한 과정으로 이루어져야 한다. 예시 논문의 목적은 "외국인 학습자에게 한국어의 음운 규칙을 가르칠 때, 효과적인 교수 순서에 대해 논의하는 것"인데, 논문의 본론에서 이것이 이루어진 것이다.

그런데 이러한 결과를 도출할 때, 도출의 과정, 내용 전개의 과정이 논리적이어야 한다는 사실은 매우 중요하다. 경험적으로 혹은 주관적 판단으로 이러이러한 순서로 가르치는 것이 좋다고 주장하는 것은, 논문이 될 수 없다. 위 예시 논문에서는 논리적 타당성을 가지기 위해 먼저 교수의 순서를 정하기 위한 기준을 먼저 설정하고, 이를 음운 규칙에 적용하여 결과를 도출하였다.

논문을 전개해 나갈 때 우리는 남의 연구 성과를 인용해야 할 경우가 생긴다. 자신의 견해를 뒷받침해 줄 근거로서, 혹은 논의의 진행 도중에 서술해야 할 필요에 의해 인용해야 하는 경우가 생긴다. 인용 시에는 다음과 같은 사항이 요구된다.

- 정확히 이해하고 인용할 것
- 자신의 논리 전개에 필요한 내용만 인용할 것
- 인용문의 출처를 밝힐 것

자료를 인용했을 때에는 주석을 달아 그 출처를 정확히 표시해야 하는데, 그 형식은 다음과 같다.

주석의 형식

① 외각주(外脚註)의 작성법

- 필자명, "논문명", 게재지 및 호수, 간행 연도, 인용면수.
- 저자명, 《저서명》, 출판지: 출판사명, 간행 연도, 인용면수.
- 약식주(略式註) : 앞에서 다룬 논저를 다시 인용할 때 사용.
  - *Ibid.*, 상게서, 상게논문, 위의 책, 위의 글.
  - *Op. cit.*, 전게서, 전게논문, 앞의 책, 앞의 글.

② 내각주(內脚註)의 작성법

- 본문 속의 해당 부분에서 인용하는 방식의 주석.
  - ~에는 ~이 있다(장향실 2008:231).
  - 장향실(2008)에서는 ~

▪ **결론 쓰기**

결론에서는 본론의 내용을 정리하고, 연구의 의의와 미해결 문제, 앞으로 해결해야 할 과제 등에 대해서 제시한다.

5. 결론

본고에서는 외국인을 위한 한국어 발음 교육에서 교수-학습이 필요한 음운 규칙을 대상으로 그 교육 순서에 대해 살펴보았다. 교육 순서를 설정하는 기준으로 사용 빈도, 난이도, 일반화 가능성을 삼고, 이를 측정하기 위한 구체적 기준을 마련하였다. 음운 규칙의 빈도는《외국인을 위한 한국어 학습 사전》의 표제어를 대상으로 조사하였다. 그리고 난이도는 학습의 용이성을 기준으로 음운 규칙 적용의 환경을 음운 정보만으로 알 수 있느냐, 그렇지 않고 형태 정보가 필요하냐에 따라 난이도의 높고 낮음을 평가하였다. 마지막 원리인 일반화 가능성은 음운 규칙 내부의 위계를 바탕으로, 즉 규칙순을 바탕으로 측정하였다.

세 가지 원리를 바탕으로 음운 규칙 사이의 위계가 파악된다 하더라도 그 결과가 원리에 따

> 라 각각 다르게 나올 것이므로 원리들 사이의 위계도 설정하였다. 본고에서는 원리 적용의 절차를 '난이도 → 사용 빈도 → 일반화 가능성' 순으로 하였다.
>
> 본고에서는 이상의 원리 적용의 결과 한국어 음운 규칙의 교육 순서를 다음과 같이 제시하였다.
>
> (15) 평폐쇄음화 → 연음 → 장애음 뒤 경음화 → 격음화 → 장애음의 비음화 → 자음군 단순화 → 설측음화 → 설측음의 비음화 → 동일 조음 위치 장애음 탈락 → ㅎ 탈락 → 어간말 비음 뒤 경음화 → 구개음화 → 관형형 {-을} 뒤의 경음화
>
> 지금까지 '난이도, 사용 빈도, 일반화 가능성'을 바탕으로 음운 규칙의 교육 순서를 제시하였다. 물론 이러한 순서의 효과가 타당성을 얻기 위해서는 교육 현장에서 적용을 통해 그 효과가 증명되어야 할 것이다. 이에 대해서는 후고를 기대한다.

위 예시 논문에서도 먼저 본론에서 전개한 논의의 결과를 요약 정리한 후에 앞으로 남은 과제, 즉 논문에서 제시한 교육 순서가 타당성을 갖기 위해서는 교육 현장에서 적용을 해 봐야 한다는 과제를 제시하고 있다.

▪ 참고문헌 목록 쓰기

마지막으로 참고했거나 본문에서 인용한 자료에 대한 정보를 밝혀야 한다. 참고문헌을 밝힐 때에는 논문의 경우 필자, 간행 연도, 논문의 제목, 게재 학술지명 및 호수, 인용면수 등을 제시해야 하고, 단행본의 필자, 간행 연도, 책 제목, 출판지, 출판사명 등을 밝혀야 한다. 참고문헌을 작성하는 방식은 학회마다 고유한 형식이 있으므로, 학술지에서 요구하는 방식에 따라 제시해야 한다.

참고문헌

강옥미(2003), 《한국어 음운론》, 서울:태학사.

국립국어원(2005), 《외국인을 위한 한국어 문법》, 서울:커뮤니케이션북스.

김상수 · 송향근(2006), "한국어 발음교육 연구 동향 분석", 한국어학 33, 155-183쪽.

김선철(2006), 《중앙어의 음운론적 변이 양상》, 서울:경진문화사.

김영선(2006), "한국어 교육 발음 교재의 구성 방식과 내용", 우리말 연구 18, 237-260쪽.

김정숙(1992), 한국어 교육 과정과 교과서 연구》, 고려대학교 박사학위논문.

_____(2000), "외국어로서의 한국어 발음 교육 방법", 한국어교육연구 3.

김형복(2004), "한국어 음운 변동 규칙의 교수-학습 순서 연구", 한국어교육 15-3, 23-41쪽.

배주채(2003), 《한국어의 발음》, 삼경문화사.

성희재(2003), "한국어 초기 학습자를 위한 한국어 음운 교육", 한국언어문학 50, 493-514쪽.

신지영 · 차재은(2003), 《우리말 소리의 체계》, 서울:한국문화사.

왕 단(2004), "중국인 학습자를 위한 한국어 발음 교재 개발 방안—한국어 발음 교재의 비교 분석을 중심으로", 이중언어학 26, 183-210쪽.

이상억(1990), "현대국어 음변화 규칙의 기능부담량", 어학연구 26-3, 441-467쪽.

_____(1998), "외국인용 한국어 교재에 포함된 문법 사항의 비교 평가", 한국어 교육 9-2, 105-119쪽.

이윤희(2003), 《일본어 모어 화자를 위한 한국어 발음 지도 방안》, 이화여자대학교 석사학위논문.

이 향(2002), 《중국어권 학습자를 위한 발음 교재 개발 방안》, 이화여대 대학원 석사학위논문.

장향실(2002), "중국어 모국어 화자의 한국어 학습 시에 나타나는 발음상의 오류", 한국어학 15, 211-227쪽.

_____(2008), "외국인 한국어 학습자를 위한 음운 규칙 항목 선정 연구", 한국언어문학 65, 137-158쪽.

정명숙(2003), "한국어 발음 교육의 내용과 방법, 21세기 한국어 교육학의 현황과 과제," 419-440쪽.

_____(2008), "한국어 학습자를 위한 전략적 발음 교육", 한국어학 38, 345-369쪽

한재영 외(2003), 《한국어 발음 교육》, 서울:한림 출판사.

허용·김선정(2005), "발음 교육의 연구사와 변천사", 한국어교육론 2, 13-23쪽.

_____(2006), 《외국어로서의 한국어 발음 교육론》, 서울:박이정.

위 예시 논문에서는 일반 학술 논문과 단행본에 대해 각각 다음과 같이 형식을 달리하여 제시하였다.

논문	장향실(2002), "중국어 모국어 화자의 한국어 학습 시에 나타나는 발음 상의 오류", 한국어학 15, 211-227쪽.
단행본	강옥미(2003), 《한국어 음운론》, 서울:태학사.

과정3 : 점검 단계

점검 단계는 초고로 쓴 논문을 다시 읽어 보고 교정하는 단계이다. 교정을 많이 할수록 논문의 완성도가 높아지므로, 논문을 여러 번 읽고 문제점을 찾아 수정하는 것이 좋다.

- 서론, 본론, 결론의 내용이 논리적으로 전개되는지 살펴본다.
- 어법상 문제가 없는지, 각 문장 부호는 바르게 쓰였는지 살펴본다.
- 각주나 주석이 올바르게 쓰였는지 확인한다.
- 참고 문헌 목록에 빠진 것이 없는지 살펴본다.
- 전체적으로 읽으면서 다시 한 번 틀린 부분이 없는지 확인한다.

쓰기

▪ **준비 단계**

1) 자신의 전공과 관련하여 논문의 화제를 선정하자.
2) 그 화제와 관련된 논문을 찾아 목록을 작성한 후 도서관(전자 도서관 포함)에서 찾아보자.
3) 찾은 논문이나 책을 읽으면서 내용을 요약해 보고 그 연구의 의의와 한계를 정리해

보자.

4) 이상에서 살핀 연구들의 한계에 대해서 자신만의 대안이 있는지 찾아보자.

5) 자신의 대안과 유사한 선행 연구가 있는지 다시 찾아보고, 자신의 대안을 뒷받침할 수 있는 참고 자료들을 더 찾아서 정리하자.

6) 자신의 대안을 주제화하고, 주제에 맞게 목차를 작성하자.

▪ 집필 단계

1) 목차를 바탕으로 개요를 좀 더 구체적으로 완성해 보자.
   · 선행 연구들을 검토하면서 얻은 문제 제기와 그에 대한 자신의 대안을 구체적으로 작성한다.
   · 자신의 대안이 가진 한계나 남은 문제를 생각해 보고 결론 부분의 개요에 반영하자.

2) 선행 연구를 정리해서 써 보자.

3) 본론을 써 보자.

4) 서론을 써 보자.
   · 서론은 선행 연구와 본론이 모습을 갖추었을 때 쓰는 것이 좋다.

5) 결론을 써 보자.

6) 참고문헌 목록을 형식에 맞게 정리해 보자.

▪ 점검 단계

1) 서론, 본론, 결론의 내용이 논리적으로 전개되는지 살펴본다.

2) 어법상 문제가 없는지, 각 문장 부호는 바르게 쓰였는지 살펴본다.

3) 각주나 주석이 올바르게 쓰였는지 확인한다.

4) 참고 문헌 목록에 빠진 것이 없는지 살펴본다.

5) 전체적으로 읽으면서 다시 한 번 틀린 부분이 없는지 확인한다.

답과 해설

I.3 문학과 삶

p.36 2번 문제의 답과 해설 답

감나무	장모님. 감나무의 두꺼운 껍질이 가지는 질감은 노인의 피부와 유사성이 있다.
버드나무	영진이. 버드나무의 전체적인 모양과 풍성하게 늘어진 나뭇가지는 옛날부터 나긋나긋하고 젊은 여자를 비유하는 데 흔히 사용되었다.
무궁화꽃	마누라. 시인에게 꽃의 의미를 가질 수 있는 식구는 마누라뿐이다. 그리고 무궁화는 7월에서 10월 사이에 비교적 오랫동안 꽃이 피는데, 이것은 '나이든 마누라'와 유사성이 있다.
잡나무	셋방 식구들. 한자인 '잡'(雜)은 이름을 알 수 없거나 이름을 말할 필요가 없음을 의미한다. 이는 이름을 알 수 없는 셋방 식구들을 가리킨다.

II.2 권리의 참된 의미

p.76 문제의 답과 해설

(형식과 내용을 자유롭게 취해서) 정치가를 비판할 권리는 표현의 자유이다. 여기서 '표현의 자유'라는 용어가 들어가 있다면 적절한 답으로 볼 수 있다.

p.79 1번 문제의 답과 해설

다수의 행복을 위해 소수나 개인의 권리가 침해될 수 있다는 것이다. 이 말은 어떤 이익이 옳은 것인지 그른 것인지와 무관하게, 그리고 그 이익이 어떤 방식으로 올바르게 충족되었는지도 생각하지 않고, 오직 좋은 것이 옳은 것보다 우선된다는 것을 나타낸다.

p.79 2번 문제의 답과 해설

권리의 핵심은, 누구든지 자신이 추구하는 가치에 대해 평등하게 존중 받을 자격이 있다는 데서 출발한다. 본문에서 예를 들고 있는 소크라테스에 대한 예를 잘 생각해 보면 권리를 이해할 때 중요한 것은 '소수'와 '다수'를 구분하는 것이 아니라 '누구든지 평등하게 존중 받을 자격이 있다'는 원칙과 관계있음을 알 수 있다. 이와 관련하여서는 뒤에 이어지는 (마)의 글을 잘 읽어 보기 바란다.

III.1 과학 용어 풀어 쓰기

p.115 1번 문제의 답

어떤 대상을 설명하는 글. 설명문.

p.115 2번 문제의 답

(가) 예를 들어 (나) 이론적으로/전문 용어를 써서

p.115 3번 문제의 해설

(가)의 글은 예시를 중심으로 관성을 설명하고 있지만 실제 예로 들고 있는 '버스(물체 a)'를 글로만 설명하고 있어서 이해하기 어려운 면이 있다. 이럴 때에는 설명과 관계있는 그림 자료, 즉 버스 그림의 예시를 함께 들어 주는 것이 더 좋다.

(나)의 글은 예시가 없이 단순히 이론적으로 써 놓아서 확실히 (가)보다는 전문적인 느낌을 주지만 쉬운 느낌은 주지 못한다. 독자가 누구냐에 따라 다르겠지만, 예상 독자의 지식수준이 낮은 경우를 고려한다면 여기에 소개된 전문 용어들을 따로 풀어 주는 것도 필요하며, 그에 적절한 예시를 들어 주는 것이 좋다.

인용 자료

단행본

강만길. 1996. 《역사를 위하여》. 한길사.

권오석 역. 1988. 《역사란 무엇인가》. 홍신문화사.

김진영 외. 2005. 《중학생을 위한 한국은행의 알기 쉬운 경제 이야기》. 한국은행 인재개발원 경제 교재편찬위원회.

배일한. 2003. 《인터넷 다음은 로봇이다》. 동아시아.

이남호. 1990. 《문학의 위족 : 이남호 평론집 1-시론》. 민음사.

이한. 2010. 《너의 의무를 묻는다》. 뜨인돌.

정범모. 2006. 《학문의 조건》. 나남출판.

신문 기사

"[사설] 장기화하는 KBS 파업, 대화가 필요하다." 〈경향신문〉. 2010. 7. 16.
http://www.khan.co.kr/

"제발 후배들 생각해서 선배 노동자들이 파업 자제해야" 〈데일리안〉. 2006. 7. 20.
http://www.dailian.co.kr/

사이트

"생명공학/GMO 안정성 및 장점" 〈몬산토 코리아〉.
http://monsantokorea.com/record/biotech_1.asp

"관성" 〈위키백과〉.
http://ko.wikipedia.org/wiki/%EA%B4%80%EC%84%B1
http://en.wikipedia.org/wiki/Inertia

신윤경

고려대학교 교육학 박사. 고려대학교 국제어학원 한국어문화교육센터 교육부장.

《유학생을 위한 톡톡 튀는 한국어 1~6》, 《한국어 문학 수업을 위한 읽기·쓰기 통합 방안》 등 다수.

고경태

고려대학교 문학 박사, 고려대학교 국제어학원 한국어문화교육센터 강의연구 전임강사.

《한국어 동사 교육 연구》, 《한국어 교육을 위한 문법 체계에 대하여》 등 다수.

장향실

고려대학교 문학 박사. 상지대학교 국어국문학과 교수.

《글쓰기의 기초》, 《외국인 대학생을 위한 교양 한국어 쓰기 수업 모형 개발 연구》 등 다수.

김서형

고려대학교 문학 박사. 경기대학교 국어국문학과 교수.

《글쓰기의 기초》, 《대학 수학 한국어 학습자의 조사 오류 분석과 교육 방안》 등 다수.

외국인 대학생을 위한 사고와 표현 II

글쓰기의 실제

초판 발행	2011년 9월 15일
초판 2쇄	2013년 1월 7일
지은이	신윤경·고경태·장향실·김서형
펴낸곳	고려대학교출판부 www.kupress.com kupress@korea.ac.kr 136-701 서울특별시 성북구 안암동 02-3290-4230, 4232 Fax 923-6311
찍은곳	내일기획

ISBN 978-89-7641-759-6 04710

ISBN 978-89-7641-760-2 (세트)

값 12,000원

잘못 만들어진 책은 바꿔드립니다.